Progetto grafico Elisa Agazzi

Proprietà letteraria riservata
Edizioni Terra Santa s.r.l. - Milano
Via Gherardini 5, 20145 Milano, Italy
editrice@edizioniterrasanta.it - www.edizioniterrasanta.it

Finito di stampare nell'aprile 2011 da Corpo 16 s.n.c. - Bari
ISBN 978-88-6240-122-7

Pasquale Castellana

EREMITI E CENOBITI SIRIANI
tra storia e geografia

edizioni
terra santa

Ai RR. PP.
Ignazio Peña e Romualdo Fernández
che hanno condiviso con noi le fatiche
di queste lunghe ricerche

INDICE

Presentazione

Durante un mio recente soggiorno ad Aleppo, l'ho visto avanzare lungo il corridoio del convento, poggiandosi sul bastone ma non curvo, sostenuto dalla sua ansia di far sintesi, di donare ancora una parola utile alla comprensione dei suoi lavori. Ne ha svolti tanti, in verità! Si fa fatica a leggere oltre l'esile suo corpo il nutrito repertorio delle sue pubblicazioni. Più agevole mi è parso leggere due opuscoli distribuiti uno nel 2000 con il confortante titolo *Allegria e Fiducia*, una serena finestra dalla quale si abbandona al recupero di un passato umano denso e fervoroso nella celebrazione della vita, e un altro con data 2010, che nella sua chiusura STATE BENE AMICI!, ha tutta l'aria di essere la perfetta immagine della sua indefessa attività di archeologo e di analizzatore dell'esperienza stilita in Siria. Credevo di dovermi arrabattare per molti giorni, alla ricerca di una testimonianza che mi potesse servire come orientamento nel fissare la sua inclinazione alla scrittura. Inaspettatamente alla fine del dattiloscritto *Allegria e Fiducia* leggevo: "Scrissi questi *Ricordi* all'età di tredici anni, essendo nato nel 1921". Era nato di fatto a Favara, il primo agosto 1921. Ma è nel suo secondo dattiloscritto che fissa alcune pietre miliari dell'archeologia che affonda nella sua anima. L'edificio del suo spirito e della sua intelligenza viene su senza rovine, senza muri abbattuti, senza perimetri smarriti, con incisioni che perpetuano il lento formarsi di questo robusto studioso e archeologo nascosto nel saio francescano. Nel 1929 ricorda che dal primo maggio alla fine di ottobre la nonna recitava il santo rosario con le donne del villaggio che si portavano la sedia fin dentro casa. E nella sua mente l'eco della parole *Adesso e nell'ora della nostra morte* segnano il primo tracciato della sua pensosa esperienza del distacco. Spigolando tra i ricordi da lui rintracciati agli sgoccioli del 2010 leggiamo che nel 1939 era sul Tabor e apprendeva l'arabo alla scuola di un sacerdote maronita. Non ce ne dà il nome, lo chiama *abūna*, così confidenziale per lui che sul monte continuava la sua personale trasfigurazione. Di fatto nel 1932, fratino nel collegio serafico di Alcamo dove era entrato il 3 settembre dello stesso anno, annotava già che "perfetti non si diventa da un momento all'altro". Il 17 agosto 1933 "i parenti più stretti camminano tutti in fila e sono tristi per la sua partenza in Palestina". Malinconica tristezza di bimbo fu quel suo allontanarsi dopo che una vecchietta lo baciò. "Volle baciarmi e fu l'ultimo bacio".

Il piccolo Castellana si imbarcava così alla volta della Palestina per intraprendere la vita di formazione francescana, in preparazione al sacerdozio e alla testimonianza missionaria della sua vocazione. Il 14/09/1937, dopo il periodo passato nel Collegio serafico di Emmaus, fa la sua vestizione, emette la professione semplice il 15/09/ 1938, quella solenne l'8/12/1942 e sale all'altare del Signore l'8/07/1945, all'età di ventiquattro anni, dopo aver compiuto gli studi filosofici e teologici. Nel 1947 va per la prima volta ad Aleppo e nel lungo arco della sua permanenza in Siria ricopre diversi incarichi tra le parrocchie di Aziziyyeh, Yaqubieh, Knayeh, Ghassaniyyeh e Lattakieh. Il forzato internamento nel convento di el-Qubeibeh fu per lui un'esaltante esperienza alla scuola del grande archeologo padre Bellarmino Bagatti, dalla cui lungimiranza apprese a privilegiare il lavoro di scavo accanto ad una assidua dedizione alla vita di preghiera. Il campo della sua anima riceveva così il seme della fruttuosa laboriosità monastica, conciliando i tempi della preghiera con quelli del lavoro.

La sua produzione scientifica comprende articoli, libri, conferenze e interventi vari nel campo delle sue competenze, accanto ad una illuminata e continua disponibilità ad accompagnare diversi gruppi di turisti vogliosi di affacciarsi sull'epopea della vita monastica e sull'originale evoluzione dell'arte siriaca, magnificamente rappresentate, tanto l'una quanto l'altra, nelle tante *Città Morte* della Siria settentrionale.

Elenchiamo qui di seguito solo i principali tra i numerosi articoli da lui scritti e comparsi, per lo più, in Miscellanee, nelle riviste *Collectanea* del Centro Francescano di Studi Cristiani Orientali del Muski, il Cairo, e nel *Liber Annuus* della Facoltà di Studi Biblici e di Archeologia della Flagellazione, già Studium Biblicum Franciscanum della Flagellazione, Gerusalemme.

Articoli e volumi individuali

"Ricerche sul villaggio di Ghassanieh", *SOC Collectanea* XIV (1970-1971), 443-468 + 15 ills.

"La disposizione delle porte nelle cappelle e nelle basiliche della Siria Settentrionale", in *SOC Collectanea* XV (1972-1973), 133-155 + 6 ills.

"Una chiesa bizantina a 'Alia, nella regione dell´Oronte", *SOC Collectanea* XV (1972-1973), 77-95 +12 ills.

"Una chiesa siriana a Ma'rata nella regione del Medio Oronte", *SOC Collectanea* XVI (1981), 171-180 + 2 ills.

"L'iconografia della Chiesa siriana e l'Agnus Dei di Gerade", in *Studia Hierosolymitana*, I: Studi archeologici in onore di P. Bellarmino Bagatti, (SBF Collectio maior 22), Jerusalem 1976, 155-158.

"Due stiliti siriani ignoti", *Liber Annuus*, XXIX (1979), 207-214.

"Due monasteri della Siria settentrionale: Borj Heydar, Gerade", *SOC Collectanea* XVII (1982), 37-42 + 2 ills.

"Dov'era l'eremo di S. Marone?", *SOC Collectanea* XVII (1982), 43-59 + 4 ills.

"Ritrovata l'antica Niaccaba dell'Itinerario di Antonino Augusto", *SOC Collectanea*

XX (1987), 163-169 +2 ills.

"Antichi monasteri nella regione nord-occidentale della Siria", *SOC Collectanea* XX (1987), 171-185 +14 ills.

"Alla ricerca di antichi villaggi nella Siria settentrionale", *SOC Collectanea* XXII (1989), 57-77 +14 ills.

"Moghor el-Mal'ab: alto luogo pagano e monastero rupestre siriano", *SOC Collectanea* XXIII (1990), 335350 +12 ills.

"Note sul *bema* della Siria settentrionale", *SOC Collectanea* XXV (1992), 89-100.

"Luoghi di soggiorno dei Santi", in *Akten des XII. Internationalen Kongresses für Christliche Archäologie: Bonn 22.-28. September 1991*, Münster 1995, 152-166.

"Borne cadastrale de Jaziret en-Nammozi en Syrie du nord", *SOC Collectanea* XXXI (1998), 145-152.

"Mar Mikhail al-Kabir († 1199) e il suo spirito «ecumenico»" *SOC Collectanea*, XXXIII (2000), 97-113.

"La strada diretta tra Antiochia e Apamea", *SOC Collectanea* XXXIV (2001), 149-169.

"Ricerche archeologiche nella Siria del Nord", *SOC Collectanea* XXXV-XXXVI (2002-2003), 89-124.

"Altre ricerche archeologiche nella Siria del Nord: A) Lungo il fiume Oronte, B) Nel Jebel ez-Zawie, C) Attorno ad Aleppo", *SOC Collectanea* XXXVII (2004), 7-107.

"Vasche battesimali nella Siria del Nord", in G. C. Bottini – L. Di Segni – L. D. Chrupcala (Eds.), *One Land – Many Cultures*. Archaeological Studies in Honour of Stanislao Loffreda ofm, (SBF Collectio maior 41), Jerusalem 2003, 359-366.

History of the Church in the Syrian Cities Since the Beginning till the Fourth Century, Vicenza s. i. d. (in arabo).

Articoli in collaborazione

P. Castellana-E. Hybsch, *Il castello di Roudj o Chastel de Rouge dei Crociati*, *SOC Collectanea* XXIII (1990), 309-323 +1 ill.

P. Castellana-G. Sommer-S. Crettenand, *Borne cadastrale de Jaziret en-Namozi en Syrie du Nord*, *SOC Collectanea* XXXI (1998), 145-151.

Libri in collaborazione con I. Peña e R. Fernández

Les Stylites Syriens, (SBF Collectio minor 16), Milano-Jerusalem 1973.

Les Reclus Syriens. Recherches sur les anciennes formes de vie solitaire en Syrie, (SBF Collectio minor 23) Milano-Jerusalem 1980. Ristampa 1988.

Les Cénobites Syriens, (SBF Collectio minor 28), Milano-Jerusalem 1983.

Inventaire du Jébel el-'Ala. Recherches archéologiques dans la région des Villes Mortes de la Syrie du Nord, (SBF Collectio minor 31), Milano-Jerusalem 1990.

Inventaire du Jébel Baricha. Recherches archéologiques dans la région des Villes

Mortes de la Syrie du Nord, (SBF Collectio minor 33), Milano-Jerusalem 1987.
   Inventaire du Jébel Wastani. Recherches archéologiques dans la région des Villes Mortes de la Syrie du Nord, (SBF Collectio minor 36), Milano-Jerusalem 1999.
   Inventaire du Jébel Doueili. Recherches archéologiques dans la région des Villes Mortes de la Syrie du Nord, (SBF Collectio minor 41), Milano-Jerusalem 2003.

In collaborazione con A. Di Bennardo - R. Fernández:

Der Mar Touma di Saydnaya. Luogo pagano e cristiano SOC Monographiae 16, Cairo 2007.

In collaborazione con A. Kroon:

Souria (Land of the History the Antiquities ad the Holiness), Damascus, s. i. d. (in arabo).

Come si può notare l'*abūna* Castellana avrà avuto i suoi buoni motivi per consacrare la sua passione alla buona terra fertile d'olivi e di pietre già una volta irrorate di preci e di esortazione a percorrere la via angelica del monachesimo. In effetti da quanto studiato da lui in persona e da quanto realizzato in collaborazione con i due suoi confratelli, padre Castellana ha fatto notare in un suo articolo di aver restituito alla comunità scientifica e locale centocinquanta chiese inedite; centosettanta tra monasteri ed eremi; quattro colonne di stiliti; sessantuno torri di monaci reclusi; identificazione di templi pagani o romani; diversi *bema* e tre tempietti di villaggio ad altri archeologi sfuggiti; quattro vasche battesimali; numerosissime iscrizioni greche; una cinquantina di necropoli; un migliaio di pressoi; la scoperta della città di Niaccaba con il suo pretorio, la basilica, la moschea medioevale e la strada romana che attraversava il *Jebel Wastani*; il ritrovamento di altre strade romane, ecc.
   A tutto ciò va ad aggiungersi questo suo ultimo lavoro, scritto forse per debito di riconoscenza e di gratitudine verso i suoi due laboriosi collaboratori. Ha tutta l'aria, *abūna* Castellana, di volersi accomiatare con eleganza e stile di vita. In questi ultimi tempi, con la scomparsa del confratello padre Ignazio Peña, avrà molto da chiedersi perché la sorte ha gravato il suo dorso sotto il fardello di sorella morte. Ma le sue aspirazioni e le certezze della sua fede, come notiamo in non poche pagine di questo saluto alla sua vita di archeologo nella Siria settentrionale, rasserenano gli orizzonti dei nostri dubbi con il chiarore della sua anima francescana. C'è sempre un altro libro per chi spera d'avere scritto bene.
   Non tutto il materiale che costituisce questa sorta di commiato dalla sua intensa dedizione all'archeologia è frutto di nuove letture e sintesi. Alcuni capitoli trovano riscontri in articoli o studi già pubblicati, pur riservando sporadici spunti di novità. Quello che resta tuttavia importante, è la natura e lo scopo di questa pubblicazione, che vuole

essere una sorta di florilegio di quanto di meglio egli ha scritto nell'ambito della esaltante avventura del monachesimo in terra siriana.

Plasmato dal profondo senso del dovere si porta addosso questo saio della certezza nelle serene parole con cui chiude una serie di ricordi: "Ormai sono al traguardo, mi direbbe s. Giovanni Crisostomo, quasi 90 anni e **dovrò** andare in Paradiso per merito della sola Misericordia di Gesù Crocifisso, delle preghiere delle nostre mamme e l'intercessione della Mamma di Gesù". Ma intanto per meriti personali ha già mietuto qualche riconoscenza anche da parte degli uomini. Di fatto, il 26 agosto 2002 il Presidente della Repubblica Italiana, Carlo Azeglio Ciampi, gli ha conferito *l'onorificenza di Cavaliere dell'ordine della Stella della Solidarietà italiana*.

Bartolomeo Pirone

Riteniamo necessario, prima di chiudere questa sommaria presentazione dell'attività e della produzione archeologica di abuna Castellana, sottolineare che il diverso modo di traslitterare i toponimi o altri riferimenti lessicali è stata da noi adottata con un preciso intento. Per i personaggi storici di cui si fa memoria, abbiamo preferito la traslitterazione scientifica, mentre per i toponimi che riflettono inflessioni vernacolari codificate da abbondante letteratura e resoconti locali sia in documenti nei quali si elaborano i risultati delle ricerche archeologiche effettuate in loco sia nelle indicazioni delle insegne stradali che indicano i diversi siti, sono stati lasciati così come compaiono nell'originale. Ci siamo permessi sporadici cambiamenti solo nei casi in cui un determinato e identico gruppo di lettere non è di per sé espressione di una medesima pronuncia, come ad esempio il gruppo *ch* che nel testo indica ora un toponimo in cui il gruppo stesso rappresenta una *shīn*, come nel caso di *chams* = *shams*, ora un suono gutturale come in Chalcis, ecc. Si è altresì fatto ricorso ad un diverso segno per indicare ora la *'ayn* ora la *hamzah* in tutti i casi nei quali ciò si rendeva necessario. Abbiamo, in ultima analisi, cercato di rendere piuttosto uniforme il registro della scrittura per agevolare quanto meglio quello della lettura, pur non nascondendoci che qualche perplessità potrebbe nascere soprattutto in quei casi in cui ciò non poteva essere realizzato per il semplice fatto che si tratta di grafemi in articoli o studi già pubblicati sotto tale forma.

Introduzione

Siamo in Siria dal 1946 e, eccettuato un periodo di tre anni passati a Latakia, siamo vissuti sempre nella regione che corrisponde, più o meno, all'antico territorio dell'Antiochene orientale e meridionale, cioè al triangolo formato da Antiochia, Aleppo e Apamea. Ci siamo sempre interessati dei problemi storici e archeologici della Siria nei tre periodi: romano, bizantino e selgiuchide, occupandoci soprattutto dell'archeologia religiosa, sia cristiana sia pagana, e, in maniera particolare, del monachesimo siriano.

Nel 1968 con il padre Ignazio Peña e con il padre Romualdo Fernàndez iniziammo una serie di escursioni di tipo turistico per conoscere la ricchezza archeologica della regione nord-ovest di Aleppo. Dopo un breve periodo, ci consacrammo alle ricerche monastiche, partendo dal movimento degli Stiliti.

All'inizio ci fu guida preziosa il padre Bulos Yatim, del clero siro-melkita di Aleppo, un ammiratore del monachesimo siriano, che cercò di farlo conoscere al popolo aleppino attraverso la rivista della sua diocesi.

Il nostro lavoro, durato trentacinque anni, fu favorito dalla fiducia dei superiori, ai quali va la nostra gratitudine, e dall'incoraggiamento del padre Bellarmino Bagatti, archeologo di fama mondiale, uomo che non fu mai infetto dal *virus* della gelosia.

Senza dubbio un aiuto basilare ci venne anche dalle circostanze sociali e ambientali dei luoghi in cui si trovano gli edifici antichi. Lo stesso lavoro non si potrebbe ripetere oggi a causa dell'incremento demografico e urbanistico, sviluppatosi in questi ultimi anni nella campagna siriana.

I sovrintendenti alle Antichità, i signori Abu Faysal di Bashmishli e Jasem Qar'ush di Daret 'Azze, ci hanno accompagnati in quasi tutti i siti archeologici dell'Antiochene siriano, dimostrandosi i migliori conoscitori delle varie regioni. Intendiamo ringraziarli cordialmente.

In tutte queste visite abbiamo incontrato nei villaggi migliaia di persone, semplici ed accoglienti, e questo ci ha fatto conoscere ed apprezzare maggiormente l'anima del popolo siriano.

Merita un ringraziamento particolare, per il suo costante incoraggiamento, il signor Mahmud Hreytani, allora Direttore dei Musei e delle Antichità della Siria settentrionale. Siamo pure debitori all'ing. signor 'Abdallah Hajjar per il suo aiuto rivelatosi, alcune volte, prezioso. Un particolare ringraziamento va anche a padre Romualdo Fernàndez, alla signora Lina Khouri alla dott.ssa Elena Bolognesi e al prof. Bartolomeo Pirone per aver rivisto e dato un'ultima sistemazione a questo nostro lavoro..

Aleppo
Festa di s. Simeone Stilita

L'AMBIENTE GEOGRAFICO

Il territorio

Alla fine della Prima Guerra Mondiale i popoli del Medio Oriente si ritrovarono con una patria che non era stata mai la loro, almeno in parte, della quale non avevano mai sentito parlare e per la quale non avevano mai combattuto. Quella patria preparata a tavolino, in Europa, dalle nazioni vincitrici, fu donata ai siriani, ai libanesi, ai palestinesi, agli irakeni e agli abitanti della Giordania. Le dimensioni delle loro rispettive nazioni furono puramente arbitrarie e i loro territori, dapprima disegnati sulla carta, furono poi *generosamente* regalati ai popoli orientali. Fu una delusione generale e i siriani, volenti o nolenti, dovettero pigliarsi quella fetta di torta.

Gli Armeni, la Francia, la Grecia e l'Italia avevano partecipato con eserciti o con contingenti militari a quella guerra, con la speranza di aver parte anche alla spartizione delle terre dei vinti. Aspettavano che l'impero ottomano, *il Gran malato,* come lo chiamavano in Europa, morisse e la preda fosse totalmente smembrata. Tutti, invece, furono delusi perché le promesse fatte circa il nuovo assetto della Cilicia, del Kurdistan, dell'Anatolia meridionale e della regione di Smirne non furono mantenute.

La Siria, territorio che interessa il nostro studio, ebbe confini differenti da quelli tradizionali e riconosciuti da millenni dalle potenze che l'avevano conquistata: Egiziani, Ittiti, Assiri, Babilonesi, Persiani, Greci e Romani. Alla fine della guerra il territorio siriano fu ingrandito verso est, ricevendo in dotazione centinaia di chilometri quadrati di deserto e, venti anni dopo, fu ristretto sul lato nord. I suoi confini, già definiti dalla Convenzione franco-britannica nel 1920, furono riveduti dagli Accordi di Ankara la prima volta nel 1921 e, poi nuovamente, nel 1929. Infine il 23 giugno 1939, in forza di un accordo, confermato poco dopo da un *referendum popolare* ben preparato, la Siria fu costretta a cedere alla Turchia le province di Antiochia e di Alessandretta. Ne risultarono così i confini attuali: a est l'Irak; a nord la Turchia, cominciando un po' sopra Ra's el-Basit fino al ponte di 'Ayn Diwar; a ovest il mare Mediterraneo e il Libano; a sud la Giordania e la zona del Hauran, reclamata, questa, dalla Siria e da Israele.

La ricchezza del suolo siriano

La posizione geografica della Siria e la ricchezza naturale del suolo in grano, olio, vino e legname, attirarono, sin dai tempi più remoti, i popoli limitrofi dell'Est, del Nord, del Sud e i cosidetti *Popoli del mare*. Dopo le invasioni degli Egiziani, degli Ittiti, degli Assiri e dei Babilonesi, il territorio siriano cadde sotto la dominazione dei persiani che durò sino al 323 a.C., cioè fino alla battaglia di Isso, che si concluse con la vittoria di Alessandro il Macedone su Dario III. Dopo la morte di Alessandro, la Siria fece parte dell'impero dei Seleucidi, la cui capitale fu Antiochia, la città costruita *ex-novo* lungo il fiume Oronte. L'anno 64 a.C. Pompeo, per ordine del senato romano, istituì una nuova provincia dell'impero col nome di *Provincia Syria*, che in quel tempo comprendeva anche il Libano, la Palestina, la Cilicia e Cipro. Nel 196 d.C. l'imperatore Settimio Severo, per ragioni politiche interne, divise il territorio in due, creando la provincia *Coelesyria*, con capitale Antiochia, e la provincia *Syria Phoenicia*, con capitale Emesa, oggi Homs. Un secondo riordinamento del territorio avvenne nel 396 sotto l'imperatore Arcadio, il quale assegnò la parte meridionale della *Coelesyria* alla nuova provincia *Syria Secunda*, che ebbe come capitale la città di Apamea. Questa organizzazione amministrativa finì l'anno 636, quando gli Arabi la sostituirono con i distretti militari, detti *jund*. La Siria settentrionale e centrale dipesero dal *jund* di Homs, ma con l'avvento del califfo Yazīd III vi fu un'ultima riorganizzazione e la Siria settentrionale dipese dal *jund* di Qinnisrin, oggi 'Iss. Dal secolo X al XV fu un succedersi di governi: i Selgiuchidi, i Fatimiti, gli Ayyubidi, i Mamelucchi e, ultimi, i Turchi, i quali, nel 1516, con la battaglia di Marj Dabeq, a nord-est di Aleppo, ereditarono l'impero dei Mamelucchi e riuscirono a dominare su quasi tutto il Bacino mediterraneo fino al 1918. Ma per l'indipendenza i siriani dovettero attendere fino all'anno 1945, quando ebbe termine il Mandato francese sulla Siria.

La campagna dell'Antiochene

Con l'accordo del 23 giugno 1939 la provincia di Antiochia fu divisa in due: il nord-ovest andò alla Turchia, il sud-ovest, il nord-est e il sud-est rimasero alla Siria. Le carte geografiche del Levante, mostrano in quest'ultima zona una grande densità di antichi villaggi, nei quali la vita iniziò nel I secolo d.C. o poco prima, e si sviluppò in modo straordinario nel V e nel VI secolo. Il fattore edilizio risalta nei villaggi che accettarono la fede cristiana, mentre quelli che la rifiutarono non si svilupparono affatto, ma sopravvissero conservando la villa del veterano romano, il suo pressoio e la sua tomba. Questa differenza si nota subito nei siti di Bazliq e di el-Menzul, nel Jebel Barisha; di Kherbet Tannura, di Darmin e di 'Atra[1], nel Jebel Sim'an orientale.

---

[1] Cf Castellana, *Alla ricerca*, 64-66. 'Atra è una "Città morta" del Jebel Sim'an orientale, non ancora studiata. Nella carta geografica (50.000) viene indicata sotto il nome di *'Achtarat*. La zona era celebre per il culto reso ad Esculapio e a Venere. Ai limiti delle rovine occidentali della cittadina, in un banco roccioso, fu scolpita una nicchia con tre immagini: a sinistra, di chi guarda, Esculapio; al centro,

La crescita demografica e l'edilizia poterono svilupparsi perché la terra era fertile e spingeva i coltivatori a migliorare la propria condizione. La produzione ebbe uno sbocco nel commercio con i paesi occidentali dell'impero romano. Tutte queste circostanze favorevoli diedero alla Siria la possibilità di nutrire la popolazione che nel VI secolo superava quella registrata alla fine del nostro secondo Millennio.

Affinché il lettore comprenda meglio come mai gli abitanti della campagna siano arrivati a un tale livello di benessere, diamo un esempio. A est dell'arteria che unisce Ma'arrat en-No'man alla città di Hama, vi è una regione che, nel periodo romano – bizantino, era fiorente come tutto il resto della Siria. In questa regione vi erano 109 siti antichi, che furono esplorati e descritti da Jean Lassus nel 1935[2]. Il loro abbandono iniziò nel Medioevo con l'insicurezza generale, la trascuratezza nel mantenere aperte le vie di comunicazione e la negligenza nel conservare puliti i pozzi e gli acquedotti che erano stati scavati, alcuni secoli prima, dagli ingegneri romani. Verso gli anni Settanta del secolo scorso, vi fu un processo inverso. I beduini della zona abbandonarono le loro tende e rioccuparono le rovine degli antichi insediamenti. A questo furono spinti dall'attenzione del governo siriano nei confronti della sicurezza degli abitanti e per la manutenzione delle vie di comunicazione, delle condutture d'acqua potabile e la costruzione di scuole e centri di pronto soccorso. Fu così che la regione giudicata semi-deserta sino a cinquant'anni fa, rifiorisce ora con le giovani piantagioni di olivi, viti e mandorli, come nel V e nel VI secolo.

Inizio del benessere

È opinione comune tra gli studiosi che la spartizione delle terre tra i *veterani emeriti* sia stata opera dell'imperatore Traiano dopo la conquista della Dacia e del suo successore Adriano. Ma dopo la scoperta dell'iscrizione greca a el-Breij, a tre chilometri a sud di Daret 'Azze, nel Jebel Sim'an, bisogna risalire almeno ad una trentina d'anni prima, per trovare una data logica per la spartizione delle terre.

L'iscrizione dice che l'anno 130 dell'era degli Antiochi, che corrisponde all'anno 82 d.C., un certo Tiberio Claudio, figlio di Massimiliano, scavò una tomba gentilizia per sé, per la moglie Mana Keumia e per il suo genero (o suocero) Zenas[3].

In che cosa consisteva questo tipo di tombe? Dai resti architettonici ritrovati possiamo concludere che la tomba comportava lo scavo di un ipogeo con tre o cinque loculi a *kokhim*, o a forno, e, al centro, uno spazio libero di circa trenta metri cubi.

Lo scavo comportava anche sette-otto gradini, scavati nella roccia, per facilitare

---

una divinità che non abbiamo potuto identificare e, a destra, Venere. Quest'ultima effigie non si può vedere perché i proprietari, o persone interessate, l'hanno fatta saltare con la dinamite! A Kefr Deryan, sull'altura che si vede a ovest delle abitazioni, vi era un tempio dedicato ad Ashtarot, ed è per questo che tutt'ora il luogo è chiamato *'Ashtarat*.

   [2]   Cf Lassus, *Inventaire*.
   [3]   Cf Castellana, *Ricerche*, 101-104.

la discesa all'ipogeo. All'esterno, direttamente sopra l'ingresso dell'ipogeo, o ad esso vicino, su una base rocciosa, veniva posto il plinto con l'iscrizione, e su di esso venivano issate due colonne alte sei-sette metri, con capitelli. Se Tiberio Claudio non avesse ricevuto i terreni parecchi anni prima dell'anno 82 dell'era cristiana, non avrebbe potuto mettere da parte la somma necessaria per quel lavoro.

L'agiatezza degli abitanti raggiunse il massimo livello nella prima metà del VI sec. e lo si nota nella sontuosità delle tombe e nelle ville ma, soprattutto, nel numero elevato dei villaggi abitati e nel numero stragrande dei pressoi.

Si può avere un'idea della crescita demografica della regione facendo un giro per la campagna: vi era, in media, un villaggio ogni due chilometri. Le costruzioni del II, III e IV secolo e quelle che vanno dalla fine del IV sino ai primi decenni del VII secolo, mostrano un'evoluzione progressiva dell'arte. Si nota uno stile nuovo, introdotto dagli architetti e dai capomastri siriani, soprattutto nelle ville e nelle basiliche di Sinkhar, Borj Haydar, Kharab Shams, Brad e Baziher, tutte del IV secolo, e di Qalb Loze, che è del V.[4]

Il porto fluviale dell'Oronte, a ovest della cittadina di Darkush (J.Wastani). Foto B. Zaza.

[4] A Qalb Loze attirano l'attenzione del visitatore le due torri sulla facciata ovest della basilica, i pilastri interni, al posto delle colonne, le arcate molto larghe, la copertura delle due navate laterali con lastre di pietra, la porta speciale del *martyrion* sul lato meridionale e le due porte laterali sui due lati meridionale e settentrionale. Cf Peña, *Inventaire du Jébel el-A'la*. A Burj Heydar fu aggiunto il *martyrion*, l'iscrizione sulla porta sud-ovest e il *bema*. Aggiunte, cambiamenti, *martyria*, battisteri e sagome alle porte si vedono ormai in quasi tutte le basiliche.

L'esportazione fonte di benessere

Generalmente è ammesso che la regione più ricca in produzione di olio era l'Antiochene orientale, cioè il territorio attorno a Salqin, Harem e ldlib, dove i terreni collinosi, a causa di un clima umido, offrono un prodotto di qualità migliore e, quindi, più redditizio. Oltre a questo, l'Antiochene usufruiva di tre vantaggi: un porto fluviale a Darkush, la navigabilità del fiume Oronte[5] e alla vicinanza relativa del porto di Seleucia che, a quel tempo, era l'unico.

Anche la manutenzione delle strade dava la possibilità di un commercio celere tra le proprietà dell'entroterra e i depositi presso il porto. Oltre la strada militare che univa Antiochia a Chalcis, capoluogo della Calcide, vi erano altre strade che attraversavano il Jebel Sim'an nei due sensi est–ovest e nord-sud. Il Jebel Wastani era dotato della strada, ricordata dall'*Itinerario* di Antonino Imperatore, che dopo il fiume Oronte passava accanto alla città di Niaccaba e la stazione militare di Caperturi (l'odierna Qarqur) e, dopo una quarantina di chilometri, raggiungeva Apamea.

La strada romana presso il villaggio di ʿAqibrin (J. Simʿan meridionale). Foto R. Fernández.

[5] Il porto fluviale di Darkush lo scoprimmo durante la preparazione dell'*Inventario del Jebel Wastani*. Il porto si trova a circa un chilometro a ovest del nuovo ponte costruito al posto di quello antico distrutto dalla piena del fiume nell'inverno del 1951-1952. Confermano la navigabilità dell'Oronte il porto fluviale e l'iscrizione di Eutiche (*cf Pena, Inventaire du Jebel Wastani*) e la tradizione orale conservata tra it popolo di Darkush. Lo conferma anche il mosaico esposto all'entrata del Museo di Qalʿat el-Mudīq.

Un oliveto tra Mariamin e Afrin, a nord di Khaldie. Foto H. Jalluf.

Una seconda strada partiva da questa città e risaliva ad Antiochia, passando per Giser esh-Shoghur, Knaye, Ginedo e Surye. Una pietra miliare, scoperta nel 1989 e custodita ora nel Museo litico del convento francescano di Knaye, segnalava le distanze delle varie località[6].

Quadro stagionale variopinto

Raccolta, trasporto e pressatura delle olive richiedevano una manodopera qualificata e un lavoro legato a un calendario che obbligava i proprietari dei terreni, gli operai e i commercianti a un programma di lavoro faticoso.

Alla fine di ottobre iniziava la raccolta delle olive e i villaggi di montagna diventavano rumorosi come i *bazar* delle città. Salivano famiglie intere: le donne, con i ragazzi, raccoglievano le olive, e gli uomini sorvegliavano le operazioni della battitura per impedire che i rami dell'olivo non venissero a soffrirne. Salivano gli operai, dei quali alcuni erano addetti al trasporto delle olive dai campi ai pressoi, altri pensavano alla frantumazione, che era il lavoro più pesante, altri, infine, mettevano, sotto pressatura, la polpa delle olive frantumate. Queste categorie di operai erano seguite

---

[6] L'esistenza della Via romana da Apamea ad Antiochia è stata sempre viva nella tradizione popolare di Knaye e di Qadirye (Qayqun) sino ai nostri giorni. La tradizione popolare è stata confermata dal ritrovamento della pietra miliare nel 1989, in un terreno a sud-ovest della scuola elementare di Zarzur.

Due filari di olivi tra Mariamin e Afrin a nord di Khaldie. Foto H. Jalluf.

da altre due: la prima pensava al trasporto dell'acqua calda che veniva gettata sulla polpa, mentre era sotto il torchio[7], e ciò per liberare più olio possibile, e la seconda pensava a riempire di olio le anfore, o gli otri, che venivano trasportati ai piccoli centri delle pianure sottostanti. Questi operai erano suddivisi in due o tre turni, la cui durata era fissata dal proprietario del pressoio. La sera, col calare del sole, coloro che raccoglievano le olive e i trasportatori cessavano di lavorare, mentre tutti gli altri continuavano a lavorare anche di notte.

Una o due volte al mese, questo quadro stagionale, faticoso e monotono, pigliava colori folkloristici dai gruppetti di *ballerine* e di *hajjyat* (zingare) compiacenti, che alle volte erano causa di gelosia e di risse tra gli operai! Il quadro era completato dalle *indovine* che, con la lettura delle linee del palmo della mano, predicevano un avvenire roseo ai più ignoranti. Regolate le fatiche di queste donne, con una tazza di olio, la serata finiva con un *dabke*, o ballo circolare, al quale partecipavano tutti, anche i più piccoli, i quali ballavano per conto loro in mezzo al cerchio formato dai grandi. A metà febbraio finiva la raccolta delle olive e gli operai cominciavano a fare ritorno a casa. A marzo, poi, calava il silenzio sulla montagna. Tutti tornavano a casa.

---

[7]   L'uso di gettare l'acqua calda sulla polpa delle olive quando sono presse, si è conservato nei villaggi della Siria settentrionale sino agli anni Sessanta del secolo scorso.

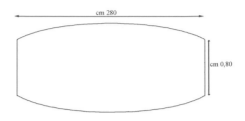

Gli ultimi frantumatori di olive nei pressoi di Batrash (J. Dueili).

Batrash (J. Dueili): misure dei frantumatori di olive più perfetti.

Il commercio con l'Occidente

Nonostante le invasioni barbariche che dovettero subire l'Italia, le Gallie e la Penisola Iberica tra il V e VI secolo e la prima metà del VII, il mercato siriano raggiunse l'apice. Gli esportatori possedevano uffici mercantili nei principali porti del Mediterraneo, dal mar Nero al Marocco, e i loro rappresentanti, non badando ai pericoli dei barbari e superando la concorrenza dei mercanti della costa africana, riuscivano a piazzare sui mercati la merce siriana. Fu per questa loro arditezza che la parola *siro* divenne, col tempo, sinonimo di *mercante*.

Dall'esame condotto dagli studiosi Pacetti e Sfrecola sui frammenti di giare per olio, ritrovati a Roma nelle antiche discariche occupate ora dall'ospedale militare del Monte Celio, risultò che su 272 frammenti il 30 % proveniva dalle coste africane e il 25% dalle coste siro-palestinesi. Queste due cifre mostrano che i Siriani avevano concorrenti nei prezzi a causa del trasporto della merce, essendo l'Africa molto più vicina ai luoghi di vendita. Il commercio, quindi, dipendeva sia dalla scaltrezza dei rappresentanti all'estero sia dall'onestà degli offerenti.

Abbiamo osservato nei pressoi dell'antica cittadina di Batrash, nel Jebel Dueili, nuovi mezzi par estrarre l'olio: i proprietari abbandonarono i tronconi di colonne, il cui peso poteva raggiungere i trecento e persino i seicento chilogrammi, e introdussero frantumatori il cui peso poteva arrivare sino a tre tonnellate, sorpassando tutti i frantumatori dei villaggi del Jebel Dueili e delle altre regioni. Poiché frantumatori simili non li abbiamo trovati altrove, né nella regione suddetta né in quelle limitrofe, dobbiamo collocarli in un periodo assai vicino alla conquista araba, quando, per ragioni politiche, fu proibito il commercio con l'Occidente. Fu allora che la produzione dell'olio fu limitata al consumo interno del Paese.

Qualche studioso potrebbe domandare: "Quanti erano gli alberi d'olivo nella provincia di ldlib, per dare lavoro a tanta gente, e per tanti giorni?" Abbiamo interrogato per-

Piantagione di olive tra Mariamin e Afrin a nord di Khaldie. Foto H. Jalluf.

Pressa per olive tra le rovine di un pressoio a Behio (J. el-A´la).

sone esperte sia nella coltivazione dell'olivo che nell'esportazione dell'olio, e ci hanno risposto che il numero degli olivi, che oggigiorno esistono nella provincia di Idlib, raggiunge nove milioni di alberi, e tre milioni di alberelli. Nel periodo romano-bizantino la cifra doveva essere superiore, di molto, a quella attuale, perché anticamente erano coltivati anche i terreni collinosi, come attestano i numerosi pressoi scavati nei villaggi di montagna, quali Ma'bara, Mariamin e Batrash; tutti e tre nel Jebel Dueili.

Il progresso nell'edilizia

Nella seconda metà del V secolo e nella prima metà del VI, tra i monaci e i civili della *boulé* (Consiglio municipale) locale, fu comune il desiderio di abbellire il proprio monastero o il proprio villaggio con costruzioni di pubblica utilità. Crebbe il numero dei monasteri, delle basiliche, delle torri, dei *pandokeya* e degli *andron*. Fu così che i villaggi di poveri contadini si trasformarono, in breve tempo, in villaggi *turistici*. Tutti i pellegrini ebbero la possibilità di trovarvi alloggio non solo nei giorni ordinari, ma anche nei giorni di grande solennità e affluenza, e fu appunto in un ospizio di Telanissos che verso l'anno 580 alloggiò Evagrio, che era andato in pellegrinaggio per venerare la colonna di s. Simeone[8]. Devozione e turismo, pietà e interesse si compenetravano e tutti miglioravano la loro condizione sociale. In tutte le case si respirava aria di benessere e di civetteria.

Resta ancora valido ciò che notò Mattern quando nel 1928 e 1929 visitò l'Antiochene: "*L'Altopiano molto ondulato che si estende all'Est e al Nord-Est di Qal'at Sim'an, porta il nome di Jebel Sim'an, "la Montagna di s. Simeone". Tutta questa regione che misura 17 Km. da Nord a Sud e 12 Km. da Est a Ovest, oggigiorno è quasi tutta incolta e disabitata. Vi sono però indizi che ci rivelano che un tempo era una regione ben coltivata, popolata e ricca*"[9].

L'Antiochene culla e bara del monachesimo

Nell'Antiochene nacque e fiorì il monachesimo siriano che, ricco di spiritualità, nutrì per circa due secoli l'anima dei fedeli di manna spirituale. Purtroppo non ebbe lunga vita. Con il Concilio di Efeso apparve chiara la differenza di pensiero tra i siriani e gli egiziani con i calcedonesi; cominciarono le dispute e le divisioni che crebbero in numero e densità sino a compenetrare di odio l'animo dei monaci e a sacrificare tutto pur di liberarsi dalle molestie di Costantinopoli. Le lotte teologiche tra i credenti di una *stessa fede* che agli occhi degli oppositori sembravano due fedi differenti, causarono molti guai a tutti: ai monofisiti per primi e, di rimbalzo, anche ai calcedonesi. Verso il 440 Teodoreto poteva ancora dire con orgoglio che le *Alture* pagane non erano più rico-

---

[8]   Evagrio, *Storia*, 58.
[9]   Mattern, *A Travers*, 105.

noscibili perchè vi si erano impiantati i monaci che lodavano Cristo Crocifisso giorno e notte. Dopo Calcedonia, sino alla riconquista bizantina del 968, i monofisiti vissero nell'incertezza del domani. E quando il *basileus* di Bisanzio pensò di riconquistare i territori siriani perduti, i monaci preferirono esulare dalla loro terra e rifugiarsi presso i loro *fratelli* nell'Alta Mesopotamia, sotto la protezione dei principi musulmani. Lì trovarono l'ambiente adatto per professare liberamente la propria fede, secondo la loro *credenza*.

Sino allora le controversie cristologiche tra un monastero e l'altro terminavano con l'esclusione vicendevole dai sacramenti. Dopo quella malaugurata riconquista, le controversie tra i monaci finivano solitamente con l'insultarsi a vicenda. Gli uni dicevano agli altri: "*Via da noi eretici*", e gli altri rispondevano: "*Via da noi diofisiti*"[10].

---

[10]   Mār Mīkhā'īl al-Kabīr, *Chronique*, II, 349. Si tratta del grande storico Michele il Siro. Così lo renderemo in seguito nei rimandi bibliografici.

L'AMBIENTE STORICO

Una lapide, tra le tante, del cimitero militare di el-Alamein, in Egitto, porta la seguente iscrizione "*Ci mancò la fortuna, non il valore*". Le parole rivelano tutta l'amarezza di una persona che ha perduto ogni bene pur avendo fatto il proprio dovere. Una frase simile potremmo metterla sulle labbra dei vescovi e dei monaci siriani che nel Concilio di Calcedonia (451 d.C.) furono esclusi dalla comunione della Chiesa e per circa duecento anni le autorità politiche e religiose di Costantinopoli fecero pesare la mano su di loro, perseguitandoli in ogni luogo dell'impero. Per tutto quel periodo i monaci siriani sopportarono la prigione e l'esilio ma, alla fine, stanchi, cercarono una via d'uscita, una via qualunque, pur di liberarsi da quello stato di cose insopportabile! La cercarono ansiosamente e la trovarono, d'accordo con gli Egiziani e gli Armeni, nell'alleanza con gli Arabi, venuti dal deserto. Per il collegamento tra Siriani e Arabi potrebbe averci pensato i Ghassànidi che erano cristiani, e avevano ottenuto un proprio vescovo, il *Vescovo del deserto,* nella persona del monaco Teodoro. I Ghassànidi erano cristiani di fede, monofisiti di confessione e arabi di etnia: tre elementi buoni che contarono sulla bilancia della battaglia nel momento giusto. Gli storici non sono concordi sul numero dei soldati o dei cavalieri dei due eserciti nella battaglia del fiume Yarmūk (636 d.C.). Secondo gli scrittori orientali l'esercito arabo contava tra i venticinque e i trentamila soldati, mentre il contingente bizantino, secondo gli storici, ne contava solamente trentamila[1].

Fu un disastro politico e religioso incalcolabile! Ce n'è da battersi il petto per migliaia d'anni. Rileggendo le *Cronache* di Mār Mīkhā'īl al-Kabīr, patriarca dei Giacobiti (1166-1199), si vede bene che i Siriani non si pentirono mai della scelta fatta sulle alture del fiume Yarmūk il 20 agosto del 636, quando passarono dal campo bizantino a quello

---

[1] Cf Mouterde, *Précis*, 45, dove dice: "L'Armée byzantine se compose d'environ 30.000 hommes, mal entrainés, mal commandés, dont la moitié se mutine en pleine bataille; le reste est écrasé en fuite". Rabbath, *Unité*, 82, così descrive il clima politico che regnava in Siria all'inizio della conquista araba: "In tutta la Siria spuntavano dei gruppi etnici che ricordavano ai vincitori la propria origine araba". Furono i Siriani che diedero al califfo Omar il titolo di Wārūq, cioè *liberatore*, che poi gli Arabi trasformarono in Fārūq. È cosa nota che le tribù cristiane della Giordania furono esentate dalla tassa personale, *jizyah*, per l'aiuto che avevano offerto ai loro fratelli Arabi. Hitti, *Lubnān*, 292 è ancora più chiaro: "Con l'aiuto dei cristiani e degli ebrei caddero in mano agli Arabi le città della Siria settentrionale e centrale con grande facilità. E non solo questo: vi furono alcuni responsabili che ricevettero i conquistatori come salvatori e liberatori".

arabo. Quel passo fu giudicato da Bisanzio *alto tradimento*, meritevole di un castigo esemplare, e tale rimase nella loro memoria. Per i Siriani, invece, rimasero per secoli nel loro cuore il rancore per le ingiustizie subite e la paura della vendetta da parte dei Bizantini. Vale la pena rileggere quel passo delle *Cronache*.

"[....] *il Dio delle vendette, il solo Onnipotente, vedendo la cattiveria dei Rūm* (=bizantini) *che in tutte le loro terre derubavano crudelmente le nostre chiese e i nostri monasteri e ci maltrattavano senza pietà, chiamò dalle regioni del sud i figli di Ismaele per liberarci per mezzo loro dalle mani dei Rūm e, se in realtà, abbiamo subito qualche danno, poiché non abbiamo riavute le nostre chiese che erano state date ai calcedonesi, tuttavia non fu per noi vantaggio da poco essere liberati dalla crudeltà dei rūm, dalla loro cattiveria, dalla loro collera, dal loro fanatismo nei nostri riguardi e di trovarci ora in pace"*[2].

Le parole del patriarca giacobita tradiscono una verità mai detta da altri, ma sospettata da tutti. Quel distacco e quella fuga maturati durante quasi due secoli, furono attuati, per colpa delle autorità politiche e religiose di Costantinopoli, nei giorni decisivi della battaglia del fiume Yarmūk.

I Bizantini non si rassegnarono mai alla perdita del Medio Oriente; appena avevano un po' di tranquillità sul fronte bulgaro o russo, pensavano alla *bella* Siria perduta. Nel 968-969 Foca[3] riprese Antiochia e nel 975 l'imperatore Giovanni Zimisce[4] pensò anche alla *Città santa, a Gerusalemme*. E perché no? Che grande onore sarebbe stato apparire *liberatore del Sepolcro di Cristo,* dinanzi a tutti i cristiani, orientali e occidentali! Che spettacolo sarebbe stato vedere il *basileus,* vestito di porpora e circondato dai comandanti, reduci da quell'impresa, passare tra due file osannanti di popolo, e presentarsi, una domenica, a s. Sofia, dinanzi al patriarca della *Nuova Roma* e al suo clero! Ma Zimisce era il meno degno: adultero e omicida! C'era *Uno* che non voleva quella parata trionfale: era il *Pantokrator* dell'abside, che non sapeva che farsene di quella riconquista; da quasi un millennio aveva dichiarato ufficialmente dinanzi al procuratore romano, rappresentante diretto dell'imperatore per la Giudea, che quelle terre non lo interessavano! *"La gloria di Giovanni Zimisce*, dice Léon Bloy, *ha l'aria di corrispondere umilmente alla Gloria divina, ed ecco che Dio abbatte tutto"*[5]. L'imperatore riuscì ad arrivare fino a Cesarea di Palestina e a spingersi sin verso le vicinanze di Gerusalemme, ma lì *"una mano misteriosa sembrava che lo respingesse!"*, dice ancora Bloy. Zimisce cambiò idea. Avvelenato per via, si affrettò a rientrare a Costantinopoli dove morì il 9 gennaio del 976.

Ma era veramente per l'onore di Cristo che gli imperatori di Bisanzio spingevano i

[2]   Cf Michele il Siro, *Chronique*, 412-413.

[3]   Ossia Niceforo II Foca che fu imperatore dal 963 al 969.

[4]   Nipote di Foca, Giovanni I Zimisce (Gerapoli 925-Costantinopoli 976), divenuto poi imperatore bizantino l'11 dicembre 969 e restando tale fino al 10 gennaio 976, era di origine armena e imparentato con i Foca per parte di madre. Fu creato comandante in capo d'Oriente da Niceforo Foca.

[5]   Bloy, *Constantinople*, 120-123. Vedi pure Bailly, *Byzance*, 243.

loro eserciti verso l'Oriente? E perché allora ad Antiochia mancava il patriarca siriano all'ingresso trionfale di Niceforo Foca, il primo novembre del 968 e dell'imperatore Giovanni Zimisce, nella primavera del 975? Perché i siriani preferivano restare nelle terre soggette ai principi musulmani, piuttosto che essere in territorio cristiano?

Relazioni tra Siriani e Bizantini dopo il 636

La battaglia del Yarmūk oltre a portar via ai Bizantini le terre più ricche, portò via anche l'amore dal cuore dei cristiani orientali, per cui i Siriani, aspettandosi sempre una vendetta dai Bizantini, cercavano di stare a distanza. Nel 1156 in Antiochia, già sotto il dominio dei Normanni, doveva essere benedetta una nuova chiesa dedicata a Mār Barsauma, un santo molto venerato dal popolo siriano. Sarebbe dovuto andare il patriarca Mār Atanasio VIII, che risiedeva in territorio musulmano, ma non volle andarvi per timore di qualche tranello da parte dell'imperatore bizantino. Pensò, allora, di delegare per la cerimonia Mār Mīkhā'īl al-Kabīr, che era archimandrita di un monastero. L'accoglienza solenne fattagli in quella occasione dalle autorità normanne, rimase impressa nella mente di Mār Mīkhā'īl per cui vi ripassò volentieri nella primavera del 1167, questa volta, però, in veste di patriarca, in viaggio per Gerusalemme. Con i Normanni i Siriani si sentivano sicuri. Dice di loro Mār Mīkhā'īl:

"Sono gentili e caritatevoli con tutti coloro che adorano la Croce. Non sollevano mai difficoltà in materia di fede, per arrivare a un' unica formula di professione di fede fra tutti i popoli e tutte le lingue dei cristiani. Essi considerano cristiano chiunque adori la Croce"[6].

Le conseguenze della battaglia del Yarmūk

Tutti gli orientali: Siriani, Armeni ed Egiziani, assaporarono l'amarezza delle conseguenze di quella battaglia, ma primi fra tutti i Bizantini, i quali persero le terre più ricche dell'impero e la supremazia politica e religiosa su tutto l'Oriente. Ne risultò uno squilibrio totale e continuo, un carosello di cattiveria, in cui i cristiani si gettarono a capofitto, giocando alla vendetta, per più secoli, un gioco anticristiano e disumano. Sparì l'incanto dell'unità ecclesiastica, provocando lacerazioni a catena mai più ricucite. Per le nuove leggi che proibivano il commercio con i nemici, in questo caso con i Bizantini, fu vietata l'esportazione del vino, dell'olio e del grano. Fu un colpo mortale per l'economia agricola della Siria che non poté più esportare i suoi principali prodotti. Le conseguenze di quelle leggi causarono l'emigrazione dei cristiani benestanti dalla campagna verso le città, affidando le terre ai contadini. Ma quei prodotti che una volta arricchivano i siriani, non potendo più essere esportati, apparvero inutili e ogni genere di coltivazione fu limitato al semplice consumo locale. Fu così che i contadini non poterono più mante-

---

6 Cf Mār Mīkhā'īl al-Kabīr, *Chronique*, III, 222.

nere il sacerdote del luogo, nè pensare alla manutenzione degli edifici sacri.

La vita delle tribù arabe cristiane non fu più rosea per il semplice fatto che non erano musulmane. Gli arabi cristiani furono considerati stranieri e messi difronte al dilemma: o pagare la *jizyah* nonostante la loro appartenenza all'etnia araba, o emigrare. Il capo di una tribù dei Ghassànidi sacrificò tutto, come i martiri delle prime generazioni cristiane, ed emigrò nei territori di Antiochia coi suoi sudditi[7].

Col passare degli anni i contadini rimasti in Siria sentirono il peso di quella nuova tassa, e molti, non potendo pagarla, furono praticamente obbligati ad abbracciare la religione musulmana. Solo un secolo più tardi il califfo Yazīd III ordinò che non si accettassero con facilità le apostasie dei cristiani per non arrecare danno al pubblico erario[8].

Relazioni tra i Bizantini e i monaci monofisiti

Alla povertà della terra venne ad aggiungersi la riconquista bizantina della Siria settentrionale, che generò panico nella popolazione monofisita dell'Antiochene. Fu allora che i monaci, con i loro igùmeni e vescovi, abbandonarono chiese e conventi ed emigrarono verso i territori soggetti ai principi musulmani. L'emigrazione dovette trascinarsi dietro anche la popolazione rurale, causando lo spopolamento dei villaggi che si trovarono sulla linea di frontiera tra l'impero bizantino e il principato arabo di Aleppo, retto da Sayf ad-Dawlah[9]. Fonti storiche che ci diano notizie di emigrazione in massa dei cristiani, non ne abbiamo; ma bisogna anche dire che nessuno le ha mai cercate e nessuno si è mai interessato del problema. Gli archeologi si sono interessati solamente dell'archeologia, lasciando da parte tutto il resto.

Il fatto che durante l'occupazione bizantina i grandi monasteri di Teleda, di Telanissos, di Qasr el-Banat e di Batabo, non appaiono più nella lista dei monasteri, dai quali venivano scelti i vescovi siriani monofisiti, è dovuto a questa causa; non vi è un'altra spiegazione. Chi avrebbe trasformato in fortini le absidi delle chiese di Mushabbak, di Basufan, di Kharab Shams, di Qal'at Kalota e di Brad-nord, tutte nel Jebel Sim'an, oltre la chiesa di Sarfud, la torre di Burj 'Abdallāh e il monastero di Qal'at et-Tuffah, tutti e tre nel Jebel Barisha? Chi avrebbe calpestato i diritti religiosi della popolazione rurale, se questa non avesse abbandonato il proprio villaggio?

Se gli abitanti fossero rimasti a custodire la propria casa, nessuno avrebbe osato trasformare la chiesa in fortino militare; non l'avrebbero fatto i musulmani perché hanno sempre rispettato i luoghi di culto cristiani, né i Normanni perché le loro frontiere

---

[7] Cf *Balāzurī, Futūḥ*, 142-143.

[8] Cf Lammens, *La Syrie*, 62-63, dove dice: *"Outre l'impôt foncier, les vaincus payaent une taxe personnelle, la capitation... Un siècle plus tard, le calife Yazid III promettra de veiller à ce que le nombre des tributaires ne subisse aucune diminution"*.

[9] Si tratta di 'Alī Ibn 'Abd Allāh Ibn Ḥamdān al quale il califfo 'abbāside al-Muttaqī conferì nel 942 il soprannome di Sayf ad-Dawlah. Morì, dopo numerose battaglie contro i Bizantini, l'8 febbraio 967, all'età di cinquantaquattro anni.

erano più avanti di quelle chiese. Non resta dunque che attribuire ai Bizantini la causa dell'abbandono di quei villaggi e dei fortini costruiti nei presbitèri e rivolti a est, da dove potevano venire i loro nemici, cioé i soldati di Sayf al-Dawlah. Fu l'ultima offesa che potevano fare ai loro nemici. Fu la rottura completa tra Bizantini e Siriani; fu espressione di forza e di odio tra due popoli cristiani. Fu anche l'ultimo atto di una tragedia che ebbe inizio con il Concilio di Efeso e terminò sulle alture del fiume Yarmūk. Da quei due eventi: Concilio di Efeso e battaglia del Yarmūk, in tutta la letteratura greca e siriaca non troviamo una sola parola che esprima errore, perdono e riconciliazione.

La battaglia del fiume Yarmūk non fu una battaglia qualunque perché creò in Siria una situazione storica, religiosa, sociale ed economica tutta differente da quella che era stata ai tempi di Roma e di Bisanzio. I tre giorni del Yarmūk prepararono la pedana per la battaglia di Mantzikert in Armenia, dove il 19 agosto 1071 si scontrarono l'esercito bizantino, comandato dall'imperatore Romano Diogene[10], e quello selgiuchide comandato da Alp-Arslān. Il risultato di quello scontro fu peggiore di quello avvenuto preso il fiume Yarmūk: Alp-Arslān, il *Barbaro delle steppe asiatiche,* fece prigioniero Romano Diogene. Gli usò clemenza per la vita, ma per indicare che tutto era finito per Bisanzio e che in Oriente cominciava una nuova epoca, quella dei Selgiuchidi, gli poggiò il piede sul collo. L'imperatore della gloriosa Bisanzio era lì, steso ai suoi piedi, vinto e umiliato[11].

Rimase prigioniero per un anno, e fu durante questa prigionia che arrivò il peggio. A Costantinopoli la porpora imperiale passava da un usurpatore all'altro e in più i pretendenti chiedevano, stupidamente, aiuto agli stessi Selgiuchidi, mettendo all'asta i *Temi* delle terre asiatiche. A portare aiuto ai Bizantini si presentarono anche i mercenari normanni che, a un certo momento, tentarono, senza esito, di tagliarsi una fetta di quelle terre per conto proprio. Quelle lotte dinastiche portate avanti senza un minimo di onestà e di tatto politico, durarono poco più di cento anni, tanti quanti ce ne vollero perché i Selgiuchidi riuscissero pian piano, e con grande scaltrezza, a stabilirsisi in quasi tutta l'Asia Minore: esattamente nel 1081 erano a Nicea, a due passi da Costantinopoli, e nel 1084 si impossessarono di Antiochia, la *città di Dio, la Theoupolis,* come l'aveva chiamata Giustiniano dopo averla restaurata in seguito ai disastri operati dai terremoti del 526 e 528.

La battaglia del fiume Yarmūk fornì anche la seconda pedana per la conquista di Costantinopoli, avvenuta il 29 maggio del 1453. Quel giorno, le reliquie e le icone delle ricche e numerose chiese della capitale furono bruciate; i soldati e i vecchi fu-

---

[10] Romano IV Diogene fu imperatore d'Oriente dal 1068 al 1071. Aveva sposato Eudocia, vedova di Costantino X Ducas, ma dopo la sconfitta subita ad opera del sultano Alp-Arslān e da quest'ultimo graziato dietro promessa di un tributo annuo e della liberazione dei prigioni turchi, fu fatto prendere da Giovanni Ducas e fatto accecare. Morì l'anno 1072.

[11] Grousset, *Histoire*, XXXIII, dice che "*la défaite di Malazgerd fut, peut être, la plus grande défaite de l'Histoire byzantine. Les Chroniqueurs occidentaux, comme Guillaume de Tyr, ne s'y sont pas trompés. Ils y ont vu l'éviction de l'Empir byzantin comme protagonistes de la Chrétientée face à l'Islam*".

rono passati a fil di spada; i giovani e le ragazze furono venduti a semplice uso degli *harem*. Quel giorno segnò la fine dell'impero Romano d'Oriente. Il sultano Maometto II, il Conquistatore, e i suoi successori poterono scorrazzare, in lungo e in largo, per un'Europa debole e divisa, e affacciarsi minacciosi alle porte di Belgrado, nel 1521, e di Vienna, nel 1529. L'ultimo atto dell'immane tragedia di Costantinopoli è cosi riassunto da Schlumberger:

> *"L'amour frénétique du gain vint tempérer celui non moins violent du meurtre. La jeunesse des deux sexes, principalement les plus beaux enfants, appurtenant surtout aux familles nobles, furent avant tout soigneusement choisis comme marchandise de grand prix, à la fois proie magnifique pour le harem et bétail humain réservé aux plus riches rançons"*[12].

Yarmūk 20 agosto 636
Mantzikert 19 agosto 1071
Costantinopoli 29 maggio 1453

Tre avvenimenti, tre date fatidiche che cambiarono la storia del Medio Oriente e rovesciarono un mare di guai sulla cristianità intera non solo, ma anche su quella orientale!

Dalla battaglia del Yarmūk in poi la Chiesa di Roma non ebbe più notizie della gloriosa Chiesa di Antiochia, la Madre dei Gentili, la nostra Madre, la Chiesa dove faticarono Paolo e Barnaba, la Chiesa di s. Ignazio e di s. Babila, vescovi e martiri, la Chiesa di s. Efrem, di s. Giovanni Crisostomo, di s. Simeone Stilita, di s. Marone, di Teodoreto di Cirro e di migliaia e migliaia di monaci.

Malgrado le miserie umane registrate dalla storia, il V secolo segna la vetta del monachesimo siriano, ricco spiritualmente e numericamente. I monasteri, le colonne, le torri, gli eremi, erano realmente fari di vita religiosa, verso cui si dirigevano lunghe file di gente assetata del Vangelo.

Bella è l'espressione di Teodoreto di Cirro quando racconta gli inizi del monachesimo a Teleda e può ancora essere orgoglioso del monachesimo siriano:

"Tali vittoriosi atleti presentò a Dio il divino Eusebio, educatore e maestro di ginnastica in queste gare, e ne mostrò molti altri simili a questi che mandò come maestri in altre palestre, e che riempirono tutta quella sacra montagna di questi divini e odorosi prati. Infatti sebbene egli abbia piantato la sua prima tenda ascetica a oriente, è possibile vedere i figli di questa ascesi come astri intorno alla luna, sia ad occidente sia a mezzogiorno, alcuni in lingua greca altri in lingua indigena, cantare inni al Creatore"[13].

Si comincerà a parlare della Chiesa siriana solo nel periodo normanno ma, oramai, i

---

[12]   Cf Schlumberger, *Le Siège*, 277.
[13]   Teodoreto, *Storia*, 131.

siriani erano fuori gioco: erano in condizioni tali che non potevano più nuocere agli altri né giovare a se stessi.

Che cosa vi è rimasto nell'Antiochene di quella grandezza? Nulla! Non un solo monastero in tutta la Siria, non una colonna, né una torre o un eremo dove si cantino *"inni al Creatore"*, come diceva Teodoreto. Abbiamo visitato tutti quei siti e siamo ritornati a testa bassa! Ad eccezione di tre o quattro monasteri che hanno resistito alla brutalità degli uomini e della natura, abbiamo visto solo cumuli di pietre, già vanto dei monaci e degli architetti siriani. Alcuni non hanno neppure un nome se non quello generico di *al-kharab* (le rovine). Quei resti, bene o male, hanno resistito e raccontano agli studiosi la gloria, la passione e l'agonia, lenta e triste, di una Chiesa che non meritava di essere maltrattata, umiliata e dimenticata.

Come a quel milite di el-'Alamein anche alla Chiesa siriana mancò la *fortuna,* non *il valore!*

Ma da quei ruderi sale un monito severo a tutti i cristiani: si costruisce con la stima degli altri e la comune cooperazione. Da soli si può battere il tamburo, non altro, e per poco tempo!

La Storia è maestra, sempre! Anche quando i discepoli non vogliono imparare.

Chi può capire i misteri di Dio? Sono troppo alti per noi! E i nostri *"ma perché?"* non trovano risposta. Ma... almeno, quaggiù, in questo mondo orientale, troveremo qualcuno che abbia il coraggio di battersi il petto, come ci ha insegnato il papa Giovanni Paolo II, per i crimini degli antenati, e possa dire con grande umiltà dinanzi a Dio e alla cristianità: *mea culpa*, per tanto disastro?

DALLA *LIBERTÀ TACITA* DI NERVA
ALLA *RELIGIO LICITA* DI GALLIENO

Sulla scia degli autori pagani che hanno cercato l'origine dei loro eroi, o semidei, per immortalare la grandezza del loro popolo, anche noi cerchiamo di risalire la china per trovare qualcosa che ci faccia conoscere le origini del monachesimo siriano e ci faccia sapere chi fu il primo monaco a scegliere quella vita di penitenza, di digiuni e di preghiere. Se riusciremo a saperlo, la nostra sete di certezza sarà soddisfatta e renderemo omaggio ai pionieri del monachesimo e al popolo generoso che, oltre i natali, diede loro anche la possibilità di praticare la vita consacrata, sostenendoli con le loro preghiere e le loro elemosine.

Alla parola greca *monachos* non diamo il senso generico di colui che conduce vita di preghiera e di penitenza, senza l'obbligo di seguire una Regola e di essere, nel contempo, soggetto a un superiore. Con questa parola vogliamo indicare esclusivamente colui che vive assieme con altre persone *per il Regno dei Cieli,* secondo una Regola e sotto le direttive di un superiore che sia garante della sua condotta dinanzi alla comunità cristiana. Da questa categoria, escludiamo coloro che vivono soli, gli *anacoreti* e gli *stazionari,* pur se anch'essi sono chiamati *monaci* da certi autori.

Monaco, quindi, è per noi da considerarsi un s. Porfirio di Tessalonica, il quale fra gli anni 372 e 377 condusse, con altri monaci, vita eremitica in Egitto; in seguito andò a vivere per altri cinque anni in una grotta presso il fiume Giordano, in Palestina e, dopo diverse peripezie, il 18 marzo del 395 fu consacrato vescovo di Gaza[1].

Nel senso, poi, che diamo a questa parola, Afraate, di cui parla Teodoreto, non può essere chiamato *monaco* perché visse da solo, presso la città di Antiochia, pur non risparmiando fatiche nella lotta contro l'arianesimo[2].

E poiché la vita monastica cenobitica richiede libertà per darsi unicamente a Dio ed esercitare l'apostolato presso il popolo cristiano, è giusto conoscere quali furono le circostanze di tempo e di luogo che favorirono la nascita del monachesimo siriano.

---

[1]   Marco Diacono, *Vita*, 14 ss.
[2]   Teodoreto, *Storia*, 148-158.

L'ordine sociale dell'imperatore Nerva

Nella seconda metà del primo secolo non si sa se i cristiani fossero realmente numerosi o sembrassero tali ai persecutori Nerone e Domiziano; è certo, però, che non costituivano alcun pericolo per la sicurezza dell'impero romano. Le dichiarazioni di Gesù sul Regno messianico erano ben chiare: "*Il mio Regno non è di questo mondo*". Fu solo l'ignoranza o la cattiveria o l'ingordigia di certi imperatori come Massimino il Trace (235-238), Decio (249-251), Valeriano (253-260) e Diocleziano (285-303) a dare a quelle parole un significato politico. Furono anche alcuni governatori di province o magistrati fanatici che, all'insaputa dell'imperatore, applicavano vecchi decreti imperiali, non ancora aboliti, e scatenavano persecuzioni locali contro i cristiani, nella speranza di trarre un profitto personale dai beni confiscati. Che lo facessero per interesse, lo prova il fatto che mai ci sono stati processi contro i contadini o le donne di ceto povero. I magistrati sapevano dove gettare la rete e pescare! Dione Cassio, dopo avere riportato la notizia della condanna di Flavio Clemente e di sua moglie Flavia Domitilla, parla di *molti altri, che per le stesse cause venivano puniti con la morte e con la confisca dei beni* [3].

Spetta all'imperatore Nerva (96-98) il merito di aver dato pace alle comunità cristiane. Con un editto speciale autorizzò il ritorno di tutti coloro che erano stati esiliati al tempo di Domiziano, e con un secondo editto dichiarò la sua decisa volontà di non volere agire contro i cristiani. Per dissipare, poi, ogni dubbio e ogni velleità nelle persone influenti e nostalgiche del passato, fece coniare una moneta speciale che ricordasse quell'atto di clemenza.

Tra il 18 settembre e il 3 gennaio degli anni 111-113 o dell'anno 112-113, il governatore della Bitinia, Plinio il Giovane, chiese all'imperatore Traiano come doveva comportarsi con i cristiani, poiché nell'Asia Minore le loro comunità comprendevano più della metà della popolazione. Il *sacramentum,* poi, o il giuramento di cui parlavano tanto i delatori, non era in funzione di delitti da commettere, ma in funzione di onestà di vita: non commettere furti e adulteri e non venir meno alla restituzione di un prestito. *Quel giuramento,* quindi, era il contrario di quanto affermavano i pagani. Inoltre il comportamento dei cristiani era pienamente conforme alla morale e alle leggi dell'impero romano e, per questo, Plinio giustifica, nella sua lettera, la sospensione dei processi contro di loro, non volendo spargere sangue innocente.

Quale fu la risposta dell'imperatore Traiano a Plinio? L'imperatore non rispose direttamente alle sue domande, tuttavia con la sua risposta, che la Sordi definisce un *capolavoro di ambiguità*, indica che l'andamento dell'impero richiedeva il nuo-

---

[3]   Per i governatori di province che perseguitavano i cristiani applicando vecchi decreti non aboliti, cf Waddington, *Inscriptions* V. I, 101, dove cita Dione, LXVII, 13: "*Dopo la condanna di Clemente e di sua moglie, parla di molti altri puniti, per la stessa causa, colla morte o colla confisca dei beni*" (citato secondo Allard).

vo *ordine sociale,* inaugurato da Nerva: *i cristiani non dovevano essere ricercati*[4].

Fra gli imperatori romani solo quattro, che non furono certamente tra i migliori, si accanirono contro i cristiani: Massimino il Trace, Decio, Valeriano e Diocleziano. Tutti gli altri, invece, primo fra tutti Nerva, sentirono la necessità di un cambiamento generale che garantisse tranquillità ai popoli dell'impero, dando loro libertà religiosa senza distinzione alcuna. Infatti la politica di Nerva, messa in pratica da Traiano con la sua risposta, fu saggia e, praticamente, rimase in vigore fino a Costantino; dopo ogni persecuzione si ritornava alla prassi indicata da Nerva.

Se i cristiani fossero stati realmente pericolosi, Commodo avrebbe dato corso al decreto che condannava molti di loro all'esilio, e avrebbe rifiutato la domanda di clemenza in loro favore, che gli era stata presentata dal papa Vittore (189-199), tramite Marcia. Fu lo stesso Commodo che permise a molti cristiani di poter servire nel palazzo imperiale e diede loro anche la possibilità di arruolarsi nell'esercito. È anche merito suo se alcuni cristiani poterono condurre vita eremitica. Tra questi figura il vescovo di Gerusalemme, Narciso, il quale, come narra Eusebio di Cesarea, fu calunniato da persone invidiose, che anelavano alla stessa sede, ed egli, non potendo reggere a quelle accuse infamanti, lasciò, all'insaputa di tutti, la sede vescovile e si ritirò a vita eremitica in un luogo ignoto[5].

Settimio Severo, che conosceva bene i cristiani, concesse loro la *libertà tacita*, e durante il suo regno le condizioni dei cristiani migliorarono continuamente. Non ci sembra per nulla azzardato dire che il merito di quella liberalità spetta anche alla presenza delle *Auguste* nel palazzo imperiale, soprattutto a Julia Domna, la moglie dell'imperatore, una siriana bellisssima, figlia del sacerdote del Re Sole ad Emesa. Tra le Auguste fu la più colta e si interessava di ogni problema umano. Per anni fu guida luminosa del circolo, di cui facevano parte anche giuristi di origine orientale, come Ulpiano; filosofi come Filostrato; novellieri come Eliano, scienziati insigni come Galeno, e poeti.

È probabile che in quel circolo vi fossero anche nobildonne cristiane intelligenti, che segretamente apportavano idee nuove di umanità e di libertà. L'altra ragione, più consistente, era dovuta al fatto che il regime militare riposava sulle stesse classi assoggettate per tanti secoli.

Alla Chiesa fu riconosciuto il diritto di possedere terreni, chiese e cimiteri, e il diritto di potere amministrare la giustizia secondo i principi delle leggi cristiane. Nel 212 Caracalla, con decreto inaspettato e, probabilmente, stilato da Julia Domna, allargò l'orizzonte civile e concesse il diritto alla cittadinanza romana a tutti gli abitanti che ne avessero fatto richiesta, senza distinzione tra pagani e cristiani.

---

[4] Tra i deportati nel periodo di Domiziano e liberati da Nerva, vi era anche l'apostolo Giovanni, esiliato nell'isola di Patmos. Cf Eusebio, *Histoire*, 99-100. Cf anche Sordi, *I Cristiani*, 66. n. 2. Vedi pure Allard, *Storia*, I, 128.

[5] Eusebio, *Histoire*, 99-100.

Anche Alessandro, l'ultimo dei Severi, che succedette al cugino Eliogabalo l'anno 222, fu sempre favorevole verso i cristiani: fece costruire da Giulio Africano, cristiano, una prestigiosa biblioteca presso il Pantheon, una delle zone principali di Roma, e nel 235 sua madre, l'augusta Mammea, trovandosi con il figlio in Antiochia, chiese un incontro con Origene, che si trovava allora in Siria, con lo scopo di conoscere bene la religione cristiana. Non bisogna poi dimenticare che spetta alla liberalità di questo imperatore la concessione di avere la prima chiesa del mondo a Dura-Europos, sulla riva destra dell'Eufrate[6].

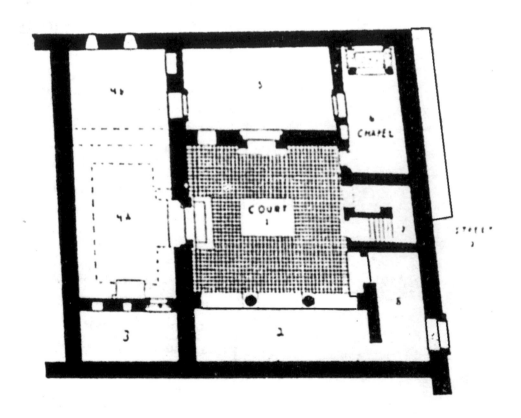

La prima *domus-ecclesia* permessa ai cristiani dall'imperatore Alessandro Severo, verso l'anno 230.

---

[6]   Piccirillo, *La Palestina*, 200. Vedi pure Lassus, *Sanctuaires*, 10-19; ill. 4-5.

Nel 258 Gallieno aveva firmato l'editto di persecuzione contro i cristiani voluto da suo padre; ma l'anno 260, quando questi cadde prigioniero nelle mani del re di Persia Sapore I, e Gallieno, come dice Eusebio di Cesarea, "rimase solo a regnare, adottando un sistema di governo più moderato. Con editti fece cessare la persecuzione contro di noi e ordinò con un rescritto che i capi della religione [cristiana] compissero liberamente i consueti offici del loro ministero". Il rescritto diceva: *"L'imperatore Cesare Publio Licinio, Gallieno, Pio, Felice, Augusto, a Dionigi, Pinna, Demetrio e agli altri vescovi. Ho dato ordine che il beneficio della*

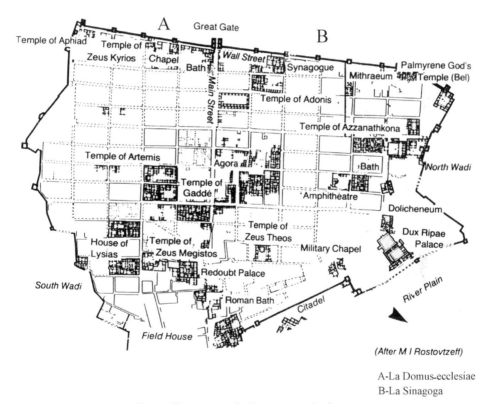

(After M I Rostovtzeff)

A-La Domus-ecclesiae
B-La Sinagoga

Dura Europos : la Domus-ecclesiae.

Pianta della città di Dura-Europos e i luoghi di culto, cristiano ed ebraico.

mia liberalità si espanda su tutto il mondo, per la qual cosa i luoghi di culto sono da riaprirsi, e voi pure potrete approfittare delle disposizioni del mio rescritto in modo che nessuno vi molesti. Ciò che a voi è permesso di fare lecitamente, già da lungo tempo era stato da me concesso. Aurelio Giurinio, ministro delle finanze, vigilerà sull'ordinanza da me data"[7].

Si mostra anche un'altra ordinanza di questo imperatore, già data per altri vescovi, relativa alla restituzione dei cimiteri. Concesse non solo i diritti acquisiti nel periodo dei Severi, ma in più concesse anche il diritto di *Religio licita*. E affinché in avvenire non ci fossero equivoci e malintesi, trasmise una copia del decreto ai governatori delle province dell'impero e un'altra copia ai vescovi.

Con quell'atto la Chiesa entrava ufficialmente nella vita dell'impero romano. La *Religio licita* di Gallieno veniva a completare dopo un secolo e mezzo la politica *ambigua* di Traiano e la *libertà tacita* dei Severi.

Un fattore indiretto di liberalità verso i cristiani venne anche dalla libertà concessa alle nuove religioni orientali di mantenere i loro specifici culti, quali: il *culto di Mitra,* molto diffuso tra i soldati, e il *culto del Dio-Sole,* incarnato nella *pietra nera*, e adorato nel tempio di Homs. In quella confusione di immigrati asiatici, tutti potevano aggirarsi tranquilli, per le vie di Roma, uno accanto all'altro, ossia gli *atei,* (cioè i cristiani, chiamati così per disprezzo, dai pagani) e i *credenti*, cioè i *pagani.* Questo creava, così, un clima di fiducia nelle persone e, nello stesso tempo, la difficoltà di individuare i cristiani nei momenti di pericolo.

La libertà tacita dei Severi e i talenti di buon amministratore del papa Callisto, influirono sullo stato economico della Chiesa di Roma che divenne invidiabile. Così lo descrivono gli storici: Le comunità cristiane provvedevano non solo alle spese del culto e al mantenimento dei loro ministri, ma ai sussidi per le vedove, gli orfani, i malati, gli inabili al lavoro, i vecchi, i disoccupati, le famiglie dei condannati per la causa di Dio, al riscatto dei prigionieri di guerra, all'erezione di chiese, alla cura degli schiavi, alla sepoltura dei poveri, all'ospitalità dei correligionari forestieri, ai soccorsi in favore delle comunità bisognose.

Alla luce dei decreti ripristinati e delle nuove concessioni di Gallieno, possiamo comprendere il comportamento benevolo di Aureliano verso i vescovi di Antiochia, l'anno 272, quando essi, radunati in sinodo, gli chiesero di cacciare dalla residenza episcopale della città il vescovo Paolo di Samosata, perché regolarmente deposto dal suo ufficio.

Non vi è dubbio che durante la persecuzione di Diocleziano si alternarono coraggio e paura, fughe e tradimenti; non dimentichiamo la bontà di alcuni pagani che ebbero compassione dei cristiani e sviarono le ricerche sì che coloro che erano stati mandati sulle loro tracce, non avevano la possibilità di individuare i nascondigli, lontani due o tre ore di cammino, di notte, senza pane e senz'acqua. Chi non

---

[7]   Eusebio, *Histoire*, 187-188.

crede può cercare nel Martirologio, per accertarsi quanto pochi furono gli eremiti che subirono il martirio al tempo di Diocleziano. Non fu lui ad abbattere la Chiesa con la più crudele persecuzione che si sia mai vista nella storia, ma fu la costanza dei cristiani a farlo desistere dal versare sangue innocente.

Dopo questa carrellata di eventi e di personaggi, che credevano di poter dominare sulla coscienza dei fedeli e cambiare il corso che la religione cristiana era chiamata a compiere per rendere l'uomo degno dell'eternità, siamo arrivati al periodo in cui eremiti e cenobiti potevano condurre liberamente una vita di preghiera e di penitenza.

Furono quei giovani coraggiosi che, sostenuti dalla forza dello Spirito del Signore, mantennero accesa, per più di un secolo, la *lampada* della fede nell'Antiochene. Dobbiamo riconoscere che l'aiuto spirituale veniva loro giornalmente anche dalla preghiera e dai digiuni delle loro buone mamme. La *Primavera* era ormai alle porte.

ANTIOCHIA TRA DUE CIVILTÀ

La città di Antiochia ai piedi del monte Silpio, centro del primo eremitismo siriano.

Se il cristianesimo non avesse dovuto combattere l'arianesimo, lo zelo missionario dei padri siriani si sarebbe riversato sulle terre pagane dell'Arabia e su quelle della Persia, devote a Zoroastro e a Mitra. L'Oriente intero sarebbe divenuto cristiano e i cristiani si sarebbero rivolti alla conquista dell'Asia centrale e meridionale, e il Vangelo non si sarebbe arenato sulle spiagge del Mediterraneo.

Antiochia, dichiarata capitale della Siria dal senato romano, divenne il centro del cristianesimo nei primi secoli della predicazione evangelica. Fu conquistata dagli Arabi nel 638, dai Selgiuchidi nel 1085 e dai crociati nel 1099. Fu totalmente distrutta dal sultano Baybars il 18 maggio dell'anno 1268.

PLAN DE LA VILLE D'ANTIOCHE

Pianta della città di Antiochia con le vie di comunicazione con le altre città della Siria.

La lotta contro il paganesimo, la gnosi e l'arianesimo, l'attività letteraria di Luciano, caposcuola di Antiochia, l'accentramento del culto sulla propria persona ad opera del vescovo Paolo di Samosata e le idee subordinazioniste relative alla seconda persona della SS.Trinità, propugnate da Berillo, vescovo di Bosra, furono le tristi novità che deviarono l'attività apostolica dei Padri antiocheni.

A questo fronte di per sé già assai largo vennero ad aggiungersi, nel IV secolo, gli editti di Giuliano l'Apostata, bruciando così le forze del grande Atanasio, già esiliato nelle Gallie, di Eusebio di Vercelli e di Lucifero di Cagliari, entrambi esiliati in Egitto.

Un giorno si ritrovarono, presso comuni amici, il retore Libanio e un pedagogo cristiano. Dopo i soliti commenti ai fatti del giorno, il discorso cadde sugli editti emanati dall'imperatore Giuliano contro i cristiani e Libanio, pigliandosi tutta la libertà tra amici, aprì il discorso e, scherzando, domandò al pedagogo cristiano: "Che cosa fa il figlio del falegname?". Nella domanda vi era l'allusione a un mancato castigo del Cristo-Dio nei riguardi dell'imperatore. Secondo la mentalità pagana Cristo non avrebbe dovuto sopportare quegli insulti, ma castigarli subito come avrebbero fatto gli dèi pagani! Il pedagogo cristiano parò il colpo e, con tutta la libertà di un amico, rispose: "Il Creatore dell'universo, che tu per derisione hai chiamato "figlio del fabbro", è occupato nel preparare una bara"[1]. L'allusione era chiara, e tutti capirono che la bara, che stava preparando *il Falegname di Nazareth*, era per l'imperatore Giuliano. La risposta ebbe l'effetto di

---

[1]   Teodoreto, *Storia Ecclesiastica*, 251.

una doccia fredda nei giorni d'inverno. Tra il serio e il faceto, i discorsi finirono lì; calò il silenzio e ognuno prese la via d'uscita.

Che Libanio volesse scherzare, può anche darsi, ma era conosciuto da tutti per il suo odio verso i cristiani. Lo aveva manifestato nella sua *Allocuzione* per l'arrivo di Giuliano l'Apostata ad Antiochia.

Ma nella sua scuola dovette conoscere da che parte stesse la virtù, se tra i pagani o tra i cristiani, e questo attraverso la condotta di un suo allievo, Giovanni, figlio di Antusa. Costui non scherzava molto con i compagni, e nei suoi discorsi non vi erano facezie e parole ambigue. Era la prima volta che Libanio si imbatteva in uno scolaro simile e volle informarsi di che famiglia fosse.

"Chi è quel giovane ?", domandò a un suo allievo di fiducia.

"È il figlio di Antusa", rispose quello, sotto voce. Libanio abbassò il capo, meditabondo, e noi possiamo aggiungere che abbia mormorato: Figlio di Antusa! Qualis mater…!

I decreti anticristiani di Giuliano l'Apostata

Giuliano fece il suo ingresso a Costantinopoli l'11 dicembre del 361 senza trovare contrasti e, con un primo editto, ordinò di riaprire i templi, ripristinare i sacrifici, restituire i beni confiscati e ricostruire quei santuari che erano stati distrutti.

Il 18 luglio del 362 Giuliano fece il suo ingresso in Antiochia e, poco dopo, da nemico di Dio, cominciò a legiferare contro la religione cristiana. Ordinò che le reliquie di s. Babila fossero tolte dal territorio di Dafne e fosse distrutto il *Martyrion*, perché le spoglie del Santo impedivano di dare oracoli alla domanda di Giuliano sull'esito della guerra che aveva progettato contro i Persiani. I cristiani traslarono le reliquie di s. Babila ad Antiochia con grande solennità[2].

Dopo questo, "*vietò ai figli dei galilei, così egli chiamava i seguaci del nostro Salvatore, gli studi di poesia, di retorica e di filosofia... Promulgò un'altra legge: i galilei dovevano essere cacciati dall'esercito. In più i pagani osarono numerose illegalità contro i cristiani in ogni parte della terra*"[3]. Fece anche chiudere la basilica costantiniana e volle che gli consegnassero le suppellettili sacre. Accecato dall'odio e dal potere, Giuliano espulse i cristiani dalla guardia personale e prese, senza il minimo sospetto, persone che erano cripto-cristiani, chiudendo, dietro di sé, la trappola!

Galilei! Nella mente di Giuliano quel nome doveva essere un insulto, suggerito dalla sua boria. Fu, invece, una provocazione che ebbe ripercussioni nel IV e nel V secolo: i cristiani risposero a quell'insulto con un atto di fede. Quando costruivano, scolpivano o incidevano immancabilmente simboli e criptogrammi sul frontone e

---

[2] *Ibidem*, 233-234.
[3] *Ibidem*, 232.

Dar Qita (J. Barisha): tre alberi stilizzati tracciati da un cristiano sulla parete meridionale del battistero. Foto R. Fernández.

sugli stipiti delle porte.

Nel 1968, uno dei primi monumenti che visitammo fu un ipogeo nel villaggio di Kokanaya, nel Jebel Barisha. Qui un ricco proprietario, di nome Eusebio, seguendo un uso assai diffuso, si era fatto scavare il sepolcro a livello del suolo, in un banco roccioso del suo terreno; lo si poteva vedere sino a qualche anno fa. Il sepolcro aveva due loculi; su uno fece scolpire una bella professione di fede: "[Sepolcro] *di Eusebio, il cristiano. Gloria al Padre e al Figlio e allo Spirito Santo*". A dispetto di tutti gli editti imperiali, Eusebio volle gloriarsi, anche dopo morte, del nome di *cristiano*. L'anno del decesso, il 368, lo fecero scolpire, naturalmente, gli eredi.

Kokanaia (J. Barisha): iscrizione sul sepolcro con la quale Eusebio dichiara la sua fede in Cristo. Foto R. Fernández.

Deyr Sim'an: simbolo tracciato da un cristiano sull'ingresso della sua casa: "Cristo è l'Alfa e l'Omega". Foto R. Fernández.

Kherbet Hass (J. ez-Zawie): l'acrostico in lingua greca, scolpito dal proprietario sull'ingresso della sua villa: "Gesù Cristo Figlio di Dio è il Salvatore. Alleluya!". Foto P. Daltan.

Quell'atto provocatorio di Giuliano ebbe quindi un buon risultato: quasi tutti i cristiani quando costruivano, imitavano l'esempio di Eusebio di Kokanaya e facevano incidere simboli e criptogrammi, oppure praticavano tre fori sui lintelli delle porte delle loro chiese (come a Tezin e Dar Qita nel Jebel Barisha) o degli ipogei (come quello di Luca a Bsantina, nel Jebel Wastani). Il simbolismo dei tre fori, preso dai pagani, pensiamo che voglia indicare le tre persone della SS.Trinità. L'abbiamo notato, questo simbolo, sull'ingresso di una grotta presso l'effigie di Caronte, a nord-ovest della chiesetta di s. Pietro, sul monte Stavris in Antiochia.

Nel villaggio di Baqirha, anch'esso nel Jebel Barisha, un altro benestante costruì la propria casa nel quartiere occidentale. Sul lintello della porta fece disegnare un cerchio e, dentro il cerchio, una croce, e ai quattro angoli della croce fece incidere un criptogramma, in lettere greche, per manifestare la sua fede.

Baqirha (J. Barisha): simbolo cristiano sul lintello di una casa: "Il Figlio di Dio è l'Alfa e l'Omega". Foto B. Zaza.

Il significato delle linee e delle lettere era: il cerchio che simbolizzava l'*universo*; i bracci della croce l'*orbe terrestre* e l'*Alfa* e l'*Omega*, e l'*Ultimo* dell'Apocalisse, poi *Theou Yioc* (*Figlio di Dio*).

Anche a Telanissos il proprietario di una casa del quartiere nord-ovest tracciò alla meglio le due lettere dell'alfabeto greco *X P*, volendo indicare il nome di *Cristo*.

Nel VI secolo, sull'ingresso di una villa, nella zona sud di Kherbet Hass, nel Jebel ez-Zawie, il proprietario fece incidere l'acrostico, seguito dall'invito alla gioia pasquale:

ΙΗΘΥC ΑΛΕΛΟΥΙΑ

Gesù Cristo (è il) *Figlio* (di) *Dio*, (il) *Salvatore*. *Rallegriamoci!*

Un cristiano, e tanto meno un pagano, se non era istruito, non poteva capirne il significato teologico.

Forse la rabbia di Giuliano e dei suoi gregari aumentò quando, l'anno 362, un fulmine cadde sul tempio di Apollo a Dafne, bruciando quasi tutto. Giuliano non potè accusare i cristiani di incendio doloso; il fatto era palese e tutti, cristiani e pagani, sapevano bene che la causa del fuoco era stato un fulmine, e non un cristiano! Il Crisostomo, sicuro di sé, proclamava dal pulpito che quello che era stato risparmiato dal fulmine, era ancora lí, al suo posto, e non potevano accusare di furto i cristiani[4].

Ma venne il giorno del rendiconto. Il 3 marzo del 365 Giuliano, carico di improperi da parte dei pagani e dei cristiani, lasciò Antiochia con l'esercito, in pieno assetto di guerra, per arrivare quanto prima al fronte, finire i preparativi e attaccare l'esercito persiano, prima del caldo estivo. Partì, pieno di rabbia contro tutti gli antiocheni, pagani e cristiani, da lui considerati indegni della sua presenza, e giurò che al ritorno, dopo la vittoria sui Persiani, si sarebbe vendicato della loro ingratitudine[5].

In primavera ebbero inizio le ostilità e Giuliano, durante la battaglia, non potendo sopportare il gran caldo, da uomo imprudente si tolse la corazza e continuò la lotta. Ma ecco che una freccia lo colpì al fianco. Portato nella sua tenda per curargli la ferita, entrò, quasi subito, in delirio. Teodoreto così racconta la sua fine: "Dicono che egli, ricevuto il colpo, subito riempì la mano di sangue che gettò in aria dicendo: 'Hai vinto, o Galileo'"[6].

L'indomani si sarebbe ricominciata la battaglia; allora i generali dell'armata, senza perdere tempo, vollero eleggere il nuovo imperatore. La sorte cadde unanime su Gioviano, il quale era capo della guardia personale di Giuliano. Gioviano, deciso, rifiutò. E alla domanda insistente dei generali sulla causa di quel rifiuto, rispose: "Non posso essere imperatore di un esercito, quando i generali sono pagani!"[7]. Ma quando i generali dichiararono di essere anche essi cristiani e non pagani, allora accettò e toccò proprio a lui, *galileo*, accompagnare la salma dell'*antigalileo* e dargli degna sepoltura! Era il 26 giugno. La notizia della morte di Giuliano fu accolta con indifferenza dai pagani ma con grande gioia dai cristiani.

L'odio di Libanio verso i cristiani

Con la morte di Giuliano non terminò la lotta tra paganesimo e cristianesimo; rimasero sulla breccia coloro che non conoscevano i benefici spirituali del Vangelo. Uno di questi era Libanio. Nella sua *Oratio pro templis* pronunziata, o, secondo alcuni, *solamente* preparata verso il 390, Libanio ricorda gli editti emanati da Costantino e da suo figlio Costanzo II contro gli edifici pagani. Costantino avrebbe spogliato i templi per abbellire Costantinopoli; Costanzo, poi, avrebbe proibito i sacrifici e chiuso i templi: chiusura che avrebbe arrecato danni alle strutture architettoniche. Dopo Costantino e Costanzo venne il turno dei monaci. Ed eccone il testo:

"*Tu, dunque* (O Teodosio), *comandasti che i templi non venissero chiusi e che non vi fosse proibizione ad entrarvi, né bandisti il fuoco né l'incenso né le altre offerte di*

---

[4] Teodoreto, *Storia Ecclesiastica*, 233-234. Vedi anche Rufino, *Storia,* 125 e Soler, *Le Sacré*, 16-18.

[5] Teodoreto, *Storia Ecclesiastica*, 248. Generalmente gli storici datano la partenza di Giuliano da Antiochia al 3 marzo dell'anno 363.

[6] Teodoreto, *Storia* , 98 n. 36. Idem, *Storia Ecclesiastica*, 252-253 n. 79.

[7] Teodoreto, *Storia Ecclesiastica*, 259-260.

Simboli pagani scolpiti sul lintello di un tempietto rustico a Kharab Shams (J. Sim'an orientale) vicino alla basilica del villaggio. Contrariamente a quanto diceva il retore Libanio, non è stato mai distrutto dai monaci siriani. Foto P. Daltan.

profumi dai templi e dagli altari. Costoro (cioè i monaci) *vestiti di nero, invece, che mangiano più degli elefanti, che stancano, per l'abbondanza delle coppe che tracannano, coloro che versano loro da bere, al suono del loro canto, essi che nascondono questi eccessi sotto un pallore, che si procurano artificialmente, corrono contro i templi, portando legna, pietre e ferro... i tetti vengono tirati giù, i muri diroccati, le statue abbattute, gli altari rovesciati, i sacerdoti costretti a tacere o morire. Distrutto il primo tempio si corre a un secondo e poi a un terzo e, trofei, si aggiungono a trofei, contro ogni legge*"[8].

Il giudizio di Libanio sui monaci, quanto mai caustico e però non veritiero, indusse molti storici a credere vero ciò che era falso; ma poiché si trattava di denigrare i

---

[8]   Teodoreto, *Storia*, 117 n. 38. Libanio, non conoscendo tutti i movimenti monastici, credeva che fossero monaci anche gli eretici euchiti, i quali vestivano un abito nero. Libanio a causa di una conoscenza superficiale del monachesimo siriano, accusa i monaci come responsabili della distruzione di tutti i templi della campagna antiochena. Probabilmente si tratta, se è vero quel che dice, di anacoreti che non sottostavano agli ordini di un superiore, ed erano liberi di fare quel che volevano. Furono forse essi a costruirsi le celle di Burj Mahdum, presso Sarmada, nel Jebel Barisha, a pochi metri a nord del tempietto distrutto, e indicato dalla gente col nome di *Burj Mahdum*. Cf Peña, *Les Reclus,* 332 e fig.120. Vedi anche Peña, *Inventaire du Jebel Baricha*, 180-181.

monaci, andavano bene anche le calunnie. Anche i monaci eretici che volevano imitare i cattolici vestivano di nero. Non crediamo, poi, che Libanio, prima di comporre l'*Oratio pro templis*, abbia fatto un giro nella regione dell'Antiochene per accertarsi di quanto avrebbe poi scritto sul conto dei *monaci vestiti di nero*.

Secondo lui i monaci avrebbero distrutto i templi della campagna siriana. Ma quali monaci? E quali templi? Probabilmente non conosceva gli usi monastici e prese un *qui pro quo*. Quelle persone, vestite di nero, non erano monaci, ma individui che sembravano tali. Ai monaci era proibito gironzolare e avevano l'obbligo di restare nelle loro abitazioni, fossero celle o grotte o capanne o sepolcri vuoti. Accusarli, quindi, indistintamente, per l'atto sconsiderato di qualche esaltato, è indice di ignoranza della realtà dei luoghi di culto pagani e delle persone; soprattutto è indice di fanatismo religioso.

Nella sua *Oratio* Libanio vuol far credere all'imperatore Teodosio che nei dintorni di Antiochia tutti i villaggi avessero dei templi e, per di più, che fossero opere d'arte o, come diceva lui, *anima delle campagne*. Non chiede chiaramente un castigo per i *distruttori di templi*, ma fa capire che avendo agito contro gli editti imperiali, erano colpevoli e, quindi, degni di castigo! L'accusa era falsa e tale rimane. Per chi volesse assicurarsene, basterebbe che facesse un giro nella zona delle *città morte* della Siria settentrionale: i templi classici siriani non avevano tetti, erano scoperti. Così a Hadya, a Kherbet Sharqie e a Brad i due templi che si vedono a una cinquantina di metri a est della "*cattedrale*" non avevano tetti. In quanto, poi, a portarsi appresso fuoco e ferro era inutile! I templi *occhio della campagna siriana*, avevano soltanto pietre; non vi era nulla da bruciare. In quanto ai ferri non erano necessari, bastava una pietra di mezzo chilo per rompere gli anelli, le maniglie e tutti gli altri simboli incisi sui muri dei templi. Vogliamo insegnare a Libanio che quegli anelli e quelle maniglie sono ancora lì, e tutti i turisti possono ancora vederli. In quanto, poi, ai templi della campagna, tutto è falso, solo alcuni villaggi pagani avevano il tempio, proprio come, nello stesso periodo, cioè nella seconda metà del IV secolo, anche i villaggi cristiani non avevano ancora la chiesa.

Abbiamo visitato tutto l'Antiochene orientale e possiamo affermare che di veri templi ve ne erano soltanto cinque: il tempio di el-Hosn, nel Jebel Dueili; quello di Burj Baqirha, nel Jebel Barisha; quelli sul Jebel Sirir e sul Jebel Sheikh Barakat, o Corifeo, nel Jebel Halaqa, e quello di Qal'at Kalota, nel Jebel Sim'an orientale.

I templi dei quali parla Libanio erano di una estrema semplicità e tutta la loro decorazione consisteva in una palmetta scolpita su uno stipite della porta, come a Kefr Deryan, nel Jebel Barisha, ora distrutto per costruire una casa, e a Darmin, nel Jebel Sim'an orientale, mentre a Kherbet Tannura, vicino a Darmin, e a Baziher vi era solo un augurio contro il malocchio: *KAI CI* ! (*Anche a te!*). Gli altri templi, di fattura prettamente siriana, come a Brad, a Umm et-Taqa, a Kherbet Hadya, nel Jebel Barisha, avevano *la testa di toro* scolpita su uno stipite della porta. L'unico tempio di villaggio che aveva il lintello ornato con motivi sacrificali era quello di Kharab

Shams, nel Jebel Sim'an orientale. È ancora in piedi e intatto! Nessuno l'ha toccato. L'abbiamo visto cento volte e tutti, credenti o non, possono ancora vederlo. Libanio, poi, parla di tetti, ma non fa cenno alcuno dei terremoti che hanno distrutto sia i tetti dei templi sia quelli delle chiese.

I templi, poi, di Baziher, Kherbet Sharqie, Babutta e Kharab Shams, costruiti a pochi passi dalla chiesa dei rispettivi villaggi, hanno conservato gli ingressi. Questo particolare indica che non furono toccati. Se quindi i cristiani o i monaci, come pretende Libanio, avessero voluto demolirli, avrebbero cominciato la demolizione proprio dalla porta, simbolo di proprietà. Solo il tempietto di Burj Mahdum, a due chilometri a sud-ovest di Sarmada, fu distrutto probabilmente da semplici anacoreti, che pur *vestendo di nero*, non erano monaci e non sottostavano a nessuna legge e a nessun superiore. I templi di Brad e di Kalota sarebbero stati convertiti in chiesa: il primo l'anno 400 e il secondo l'anno 492, mentre quello di Qal'at Kalota e di Sheikh Barakat erano stati abbandonati sin dall'inizio del V secolo. Basta leggere quanto ha scritto Teodoreto nella *Storia dei Monaci Siri* per conoscere lo stato religioso dei pagani della zona.

Ma c'è di più. Eccettuati quei cinque templi di tipo romano, Libanio non sapeva che l'Antiochene orientale aveva divinità, simboli e culti particolari, o, se lo sapeva, ha fatto finta di non saperlo. Questi simboli consistevano in fossette scavate sulle pareti esterne dei templi come a Hosn Suleiman a 25 Km a nord di Safita e a Petra (in Giordania) vicino all'ingresso della famosa tomba meglio conosciuta come *kanz Fir'aun*. Vi sono anche anelli negli spigoli delle costruzioni e dei pilastri, e maniglie sagomate sulle pareti delle grotte come a nord-est di Darkush; nel tempio di Cuma, a Nord di Napoli; nella Rocca, vicino a Favara (Agrigento); tra i Cromlek dell'Irlanda meridionale e tra i pilastri preistorici dell'Argentina meridionale; a Sel'a, a sud di Petra; nelle grotte di Mār Tuma e di Cherubim, a nord di Damasco; nel tempio nabateo del quartiere di Mār Tecla a Damasco, e nei pilastri che sostengono la veranda dell'eremo di Sheikh Suleiman, nel Jebel Sim'an orientale. Questi anelli e queste maniglie non hanno bisogno di *ferro e fuoco* per essere demoliti, come pensava Libanio; bastava percuoterli con una pietra per romperli e farli sparire. Erano simboli fragilissimi. I monaci dei monasteri vicini li lasciarono come erano, come li abbiamo lasciati noi; sono ancora visibili e, tutti, possono rendersi conto delle falsità scritte da Libanio sedici secoli fa.

È certo che nelle città della Siria, come Aretusa (odierna Rastan) e Apamea, avvennero fatti tristi a causa del fanatismo di alcuni, ma fatti simili non accaddero nei villaggi. La ragione? Perché nei villaggi tutti quanti, pagani e cristiani, sono imparentati o vicini di casa, e tutti si rispettano.

LA VITA NEL MONASTERO

Finite le persecuzioni con la vittoria di Costantino su Licinio nel 323 e concessa piena libertà ai cristiani, le porte dei monasteri si aprirono per accogliere gruppi di giovani, attratti dalla spiritualità e dalla pace che emanavano dai volti dei monaci, segnati dalla preghiera, dalle veglie e dal digiuno.

Con una nuova pentecoste, lo Spirito Santo volle creare nella chiesa nuovi tempi, rinnovando la società con le fondazioni monastiche.

Monastero di Gerade (J. Zawie) con il presbiterio a destra. Foto I. Peña.

Ci è lecito pensare che quelli che volevano convivere con gli Anziani, fossero in maggioranza giovani, provati dal nascondimento e dalla vita aspra della solitudine tra le montagne durante le ultime persecuzioni, e le loro famiglie fossero state oggetto di continue inquisizioni a causa della fede.

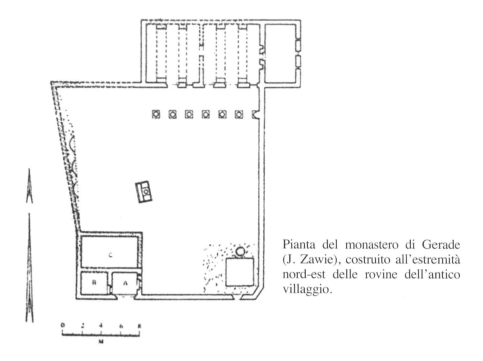

Pianta del monastero di Gerade (J. Zawie), costruito all'estremità nord-est delle rovine dell'antico villaggio.

Gerade (J. Zawie): il cortile del monastero con le tombe dei superiori. Foto I. Peña.

Il numero di coloro che si consacrarono al Signore, appena concessa la libertà religiosa, era elevato: centocinquanta a Teleda I con Davide, successore di Agrippa; ottanta a Teleda II con Eliodoro; più di duecento a Telanissos con Bassus[1]; una cinquantina con Teodosio sul monte Rhosos; cento con Giuliano a Edessa; quattrocento a Nikertai con Eusebio e Agapeto; settecento (monofisiti) nel monastero di Bar Aftonia, vicino al fiume Eufrate; trecento (monofisiti) a Costantinopoli con Eutiche e cinquecento (monofisiti anche essi) a Edessa al tempo di Giacomo Baradeo. Nell'*Inventario del Jebel Barisha* abbiamo calcolato il numero dei monaci a circa settecento e altrettanti potevano essere i monofisiti nella regione della Cinegia.

Il giovane entrando nel monastero sceglieva per sempre il suo avvenire: una vita nuova, sotto la direzione di un anziano; vita che non era considerata un semplice rinnovamento, ma un secondo battesimo, come diranno i Padri della Chiesa.

Quali potevano essere gli impegni che si assumeva il giovane? L'anziano, per prevenire eventuali espulsioni, spiegava con chiarezza e semplicità i doveri ai quali si impegnava colui che sceglieva quella vita. Vi era la preghiera comune o *salmodia*, vi erano *le veglie notturne, il digiuno, il silenzio, le penitenze corporali libere e il lavoro*.

L'accettazione del monaco

Sin dal primo giorno dell'accettazione, il postulante condivideva con gli altri consacrati le ore dedicate alla preghiera e alle fatiche del lavoro, sia all'interno del monastero, come nei campi. L'anziano seguiva il giovane e ne studiava il carattere e quando credeva che la sua anima era preparata a una rinuncia totale, allora, d'accordo coi fratelli della comunità, fissava il giorno dell'accettazione per dargli l'*abito nero*, distintivo dei monaci.

Erano esenti da questo esame minuzioso coloro che, come già il piccolo Samuele, venivano offerti al Signore sin dalla più tenera età. Teodoreto ci racconta nella *Storia dei Monaci Siri* che un giorno bussò alla porta della casa filiale di Eusebonas (Teleda II) una donna del villaggio vicino; pensiamo che fosse proprio Teleda. Teodoreto ci fa comprendere il suo atto eroico senza dirci il suo nome. Essa portava in dono ai monaci un fanciullo di tre anni, di nome Eliodoro, perché ne facessero un santo. L'aspettativa di quella mamma, dal *cuore grande e generoso*, e il lavoro paziente dei monaci non andarono a vuoto. Giorno dopo giorno, quel bambino, quel ragazzo, quel giovane, quell'anima assimilava la voce dello Spirito e l'insegnamento di quei santi monaci. Eliodoro visse da recluso e a sessantadue anni *diceva di non sapere neppure come sono fatti i porcellini o i galli o altre bestie simili*. Teodoreto lo visitava spesso e ci racconta uno di quegli incontri in questi termini: *"Anch'io molte volte ebbi la gioia di vederlo e ne ammirai la semplicità dei modi, e molto mi compiacqui per la purezza della sua anima"*[2].

---

[1] Teodoreto, *Storia*, 128, 251, 253.
[2] *Ibidem*, 251.

Monaci siriani con l'abito monastico nero.   S. Marone, eremita ipetra; vestiva come tutti
                                                     i monaci l'abito nero.

Il fatto che quella donna abbia consacrato il figlioletto al Signore non è unico.
L'agiografia ci narra che molte mamme hanno imitato la madre del profeta Samuele.
Di s. Eutimio, il fondatore delle laure palestinesi, si legge che *fin dal momento della
sua nascita chiamarono il bambino Eutimio e promisero d'offrirlo a Dio*. Morto il
padre, di nome Paolo, poco tempo dopo la nascita del figlio, sua madre, libera dai
legami familiari, portò Eutimio, di due anni appena, al vescovo della città, perché lo
indirizzasse alla vita clericale.

L'uso lo ritrovammo negli anni Cinquanta del secolo scorso, nella piccola parroc-
chia di Yaqubiye, nell'Antiochene meridionale. Due bambini erano stati consacrati
al Signore prima della nascita.

La salmodia

La salmodia costituiva l'*opus Dei* e l'*opus diei*. La lode giornaliera al Creatore
era lo scopo della consacrazione a Dio, la cosa più importante della vita. Un monaco
che non pregava era considerato una persona che non giovava né a sé né agli altri;
era una persona morta spiritualmente.

Teodoreto ci narra nel capitolo quarto della sua *Storia dei monaci siri* come ebbe inizio la salmodia nei monasteri. Nell'Alta Cirrestica tutti parlavano del modo di vivere di Publio, il figlio del senatore della città. Si era ritirato su un'altura a circa cinque chilometri dall'abitato per condurvi vita eremitica. Qui venne un gruppo di giovani di lingua greca, per vedere il figlio del senatore e parlare con lui e, se possibile, vivere come lui. I giovani monaci furono accettati e Publio, da persona intelligente, seguì il consiglio di alcuni amici: costruì una dimora espressamente per loro. Ma ecco che poco dopo il numero crebbe a causa di un altro gruppo di giovani che, questa volta, erano di lingua indigena. E ora dove pregare?

Publio dovette costruire per loro una seconda dimora e una chiesa per la recita comune dei salmi. I monaci vi si radunavano all'inizio e alla fine della giornata; recitavano i salmi, divisi in due cori; ogni coro, però, si serviva della propria lingua, elevando in successione il canto. Quest'uso prevalse presto in tutti i cenobi siriani.

In Siria sino a una quarantina di anni fa, la salmodia era conservata parzialmente anche in mezzo al popolo: nei giorni di Quaresima, verso mezzogiorno, al suono del *simandro*, la popolazione si radunava in chiesa per la recita dei salmi penitenziali. Questa pratica aiutava i ragazzi ad imparare a memoria una parte dei salmi. Nel 1978 nella regione di Tur 'Abdin, abbiamo assistito alla recita dei Vespri; tutti, piccoli e grandi, lasciavano i loro impegni e andavano in chiesa. A due cori alterni e ad alta voce, recitavano i salmi in lingua siriaca; i ragazzi dinanzi al presbiterio, attorno al libro corale, gli uomini al centro della chiesa e le donne, in fondo, dietro la grata di legno.

Abitualmente, nei monasteri, i monaci che non avevano un lavoro manuale e quelli ai quali il clima invernale non consentiva di stare fuori, partecipavano alla salmodia, che comprendeva anche le prosternazioni con la fronte fino a terra. Finita la recita dei salmi si era liberi di trattenersi in chiesa e leggere brani del Vangelo.

Un giorno, in una delle tante visite periodiche a s. Simeone, Teodoreto si fece accompagnare da un chierico, il quale più che devoto, era curioso: invece di stare attento alla preghiera o alle esortazioni del Santo, contava le prosternazioni che faceva; smise dopo averne contate 1244[3]. Nel 1978, durante una nostra visita, partecipammo, nel monastero di Deyr Za'faran, alle prosternazioni durante la salmodia e, come il segretario di Teodoreto, pensando ad altro ci domandammo: "Da chi avevano preso quell'uso i musulmani?"

L'autore di *Les Ermites dans l'Eglise Maronite* racconta come le abitudini religiose dei monaci siriani passarono ai fondatori degli eremi e dei monasteri del Libano e ci narra l'emulazione che vi era nelle pie abitudini: l'anziano Yunan el-Matriti aveva fatto 24000 prostrazioni; il suo discepolo, l'eremita Hanna el-Ahfadi tentò il *sorpasso* e vi riuscì facendone 26000, duemila in più del Maestro[4].

Riguardo al numero dei salmi e il tempo della recita, nei monasteri non vi era

---

[3]   *Ibidem*, 262.
[4]   Sfeir, *Les Ermites*, 138.

una regola unica; ogni comunità applicava nella vita quotidiana quegli stessi usi che avevano regolato la giornata del superiore, prima della fondazione del cenobio. Naturalmente prevaleva il suo buon senso nell'adattarli a una comunità cenobitica appena formata.

Quando si recitavano i salmi?

Generalmente la salmodia mattutina iniziava all'aurora, poi, in alcuni monasteri, i monaci riposavano un poco, mentre altri iniziavano il lavoro quotidiano, come si usava nella campagna siriana sino a cinquant'anni fa. Restavano a lavorare fino al tramonto, quando il fratello responsabile avvertiva, col suono del *simandro*, la fine della giornata lavorativa. Ritornati al monastero andavano in chiesa per la recita dei Vespri, ai quali seguivano la cena e la lettura del Vangelo. Dopo, erano liberi di andare a dormire, oppure di andare in chiesa per la veglia notturna.

Potremmo domandarci come facesse il monaco incaricato della sveglia; probabilmente per quest'ufficio era scelto uno che praticava la veglia notturna. Per battere il *simandro* bastava che guardasse all'orizzonte e vedesse un po' di luce, mentre per i lavori all'interno del monastero, il fratello incaricato guardava la meridiana incisa sul muro esterno del corridoio.

La meridiana l'abbiamo notata sui muri del monastero di Qal'at et-Tuffah, nel Jebel Barisha; sul muro esterno del monastero sud-ovest di Telanissos, presso l'oratorio, e nel santuario di s. Giorgio a 'Aramo, nella montagna degli Alawiti; altre due meridiane, infine, le abbiamo trovate sulla facciata meridionale della basilica nord di Bamuqqa, nel Jebel Barisha settentrionale. Trovare una meridiana sui muri di una chiesa ci fa pensare alla possibile esistenza di un monastero vicino. Può darsi che sia stato distrutto o che noi non l'abbiamo ritrovato. L'uso della meridiana, per conoscere l'ora della preghiera, fu adottato anche dai musulmani i quali la incisero sui muri interni del cortile della moschea. Possiamo considerare un'opera d'arte la meridiana che si vede, su un piedistallo di pietra, nel cortile della grande moschea di Aleppo.

La veglia

Nei tempi d'oro la veglia, per i monaci, aveva la stessa importanza del digiuno e della salmodia; procedeva da una logica propria: chi entrava nel monastero doveva pensare sempre di essere alla presenza di Dio e doveva pregare non solo per sé, ma anche per gli altri.

È rimasta classica l'abitudine che aveva s. Simeone Stilita nelle solennità. *"Dopo il tramonto del sole"*, dice Teodoreto, *"e fino a che questo di nuovo non appare ad oriente, sta in piedi tutta la notte con le braccia alzate verso il cielo e non si lascia né sedurre né vincere dalla fatica"*[5]. Una veglia continua e prolungata era anche quella del monaco Taleleo di Jabbul, villaggio che si trova a una trentina di chilometri a est di Aleppo; si era costruita una gabbia, piuttosto bassa, e l'aveva sospesa tra i rami di un albero. Teodoreto, amico dei monaci, andò a trovarlo e scrisse quanto segue: "*Poiché è di corporatura grandissima, neppure seduto può tenere eretto il collo; sta sempre seduto e piegato, con il viso inchiodato alle ginocchia"*[6]. Tra i discepoli di Paolo di Tell Minnis nell'Apamene settentrionale, vi era, dice Sozomeno, un monaco che vegliava tutta la settimana.

Aveva ragione, quindi, il monaco Arsenio quando diceva che "*al monaco era sufficiente dormire un'ora, se è un lottatore*". E dava la prova di quanto diceva. "*Il sabato sera, quando già spuntava la domenica, volgeva le spalle al sole e stendeva le mani al cielo in preghiera, finché di nuovo il sole gli risplendeva in viso; allora soltanto si metteva seduto"*[7]. Anche il nobile Publio usava vegliare tutta la notte. "*Pregò*, dice Teodoreto, *i suoi discepoli [....] di esortarsi a vicenda [....]; uno imitasse la mitezza dell'altro, il mite unisse la mitezza allo zelo del compagno, uno rendesse partecipe l'altro delle sue veglie"*[8].

Lo stesso dicasi di Palladio di Imma (oggi Yeni Shahir), di Zebinas di Shittica e degli altri anziani che formarono la prima generazione monastica con l'esempio e coi consigli.

Parlando del recluso libanese Yunan, Sfeir dice che "*la vita dell'eremita è una strada riservata agli atleti e ai perfetti, e il nostro solitario Yunan aveva praticato un ascetismo rude e spietato. Di questa maniera si mette nella linea degli anacoreti primitivi siriani i quali avevano raggiunto un grado estremo di mortificazione e di austerità"*[9].

E lo stesso autore, parlando dell'eremita Malka el-Bqufani dice che durante la Quaresima mangiava una volta alla settimana e maltrattava il suo corpo con la fame, la sete e le veglie continue.

Povertà e lavoro

Seguire Cristo è un andare verso *l'incognito*; ma il monaco lo segue sostenuto dalla fede nelle sue parole: "*Riceverete il centuplo in questo mondo e possederete la Vita eterna*". Per gli eremiti della prima ora le virtù della povertà evangelica e del lavoro erano indivisibili e ogni giorno i monaci potevano testimoniare la loro fedeltà a Cristo e insegnare al popolo cristiano gli autentici valori della vita.

---

[5]   Teodoreto, *Storia*, 262.
[6]   *Ibidem*, 270.
[7]   *Vita e Detti*, I, 105.
[8]   Teodoreto, *Storia*, 134.
[9]   Sfeir, *Les Ermites*, 136.

Monastero di el-Breij (J. Barisha); è uno dei più bei monasteri della regione. Foto B. Zaza.

La povertà spingeva il monaco a preferire una grotta a un palazzo signorile; una tunica rattoppata a una nuova, come fece l'anacoreta Afraate[10].

Nell'eremo si respirava aria di povertà anche nel vitto gornaliero, che non era molto vario: sale ed erbe, erbe e sale, come facevano gli eremiti di Wadi el-Habis presso Harem e di Ma'atrem, quando vivevano sulle montagne in tempo di persecuzione. Nonostante le elemosine dei fedeli offerte dai pellegrini e dai devoti, i monaci restavano poveri e quello che ricevevano si moltiplicava al centuplo secondo la promessa del Signore. Quel centuplo era sufficiente a sovvenire gli indigenti e persino a costruire ricoveri per i ciechi come fece l'*ipetra* Linneo di Tillima, discepolo di s. Marone e condiscepolo di Giacomo[11].

Il centuplo era anche un mezzo per l'evangelizzazione; così fecero il monaco Abramo e i suoi compagni: si fecero commercianti di noci e, col guadagno, pagarono, senza esserne richiesti, le tasse opprimenti per molti poveri di un villaggio della regione del Libano. Quell'atto di carità non domandata li guadagnò alla fede[12].

Il principio paolino di lavorare era applicato a tutti i monaci. Sarà osservato anche in Occidente nell'insegnamento di s. Benedetto: "*Ora et labora*" e sarà il principio

---

[10]   Teodoreto, *Storia*, 150.
[11]   *Ibidem*, 237.
[12]   *Ibidem*, 203-220.

che civilizzerà i barbari stabilitisi in Europa. S. Francesco d'Assisi andrà oltre e a tutti coloro che volevano seguirlo insegnava che il lavoro è una *grazia di Dio*.

Nei monasteri tutti lavoravano secondo le proprie capacità e ognuno aveva il suo lavoro. Vi era il portinaio nel monastero sud-ovest di Brad, in quello nord-ovest di Burj Heydar, nel Jebel Sim'an; in quello di Breij e di Qal'at et-Tuffah, nel Jebel Barisha, e in quello di Gerade, a nord-est delle rovine, nel Jebel ez-Zawie. Vi era anche il monaco addetto all'oratorio, al giardino, ai campi, ai pellegrini, quello che lavava loro i piedi (naturalmente quando erano pochi) e, sicuramente, vi era anche il predicatore che indicava loro la via giusta per arrivare alla porta del Paradiso.

Tra gli uffici monastici giornalieri vi era quello di copista, come a Turlaha, nel Jebel el-A'la settentrionale, e a Kefr Takharim. Il copista del monastero di questo villaggio copiò i vangeli, annotando che la copia era stata eseguita a Kefr Takharim, *il villaggio amato da Cristo*. Alcuni monasteri dell'Antiochene ebbero anche scrittori di valore, come Isacco di Antiochia e Rabbula del monatero rupestre di Magharat ez-Zagh, presso Salqin, tra Aleppo e Antiochia[13]. Rabbula esorta le comunità monastiche a conservare lo spirito di preghiera e a tenersi lontani da quelle occasioni che potrebbero essere fonti di tentazioni contro la castità. Ecco alcune di queste *Ammonizioni*:

1 - *Innanzi tutto i monaci siano attenti che nei loro monasteri non entrino assolutamente le donne.*

---

[13]   Rabbula nacque a Qinnesrin o Qennesre, nel lato orientale dell'Eufrate, da madre cristiana. Fu ordinato vescovo di Edessa l'anno 411 e la governò per 24 anni. Morí il 7 agosto del 435. Rabbula abbracciò la vita monastica nel monastero di Mār Yuhanna ez-Zaghba. Alcuni studiosi ritengono, genericamente, che il suddetto monastero si trovasse a est del fiume Eufrate, in Iraq, ma non ne indicano l'esatta ubicazione. Altri, come Littmann,Tchalenko e Daw ritengono che il monastero di Mār Yuhanna ez-Zaghba sia Ksegbe, perché questo sito conserva, sebbene alterato, il nome primitivo. Dopo un'accurata esplorazione della zona di Magharat ez-Zagh, preferiamo l'opinione di Leroy per le seguenti ragioni: il monastero rupestre di Magharat ez-Zagh si trova nella zona nord-occidentale della Siria, tra Aleppo e Antiochia. Secondo: il monastero di Magharat ez-Zagh conserva, pur se un poco alterato, come il resto anche il nome di Ksegbe, il nome antico. All'obiezione che il nome attuale non è quello di millequattrocento anni fa, rispondiamo che nessuna città ha conservato il nome nella sua forma primitiva come Aleppo, Damasco, Milano, Palermo, Agrigento, Brindisi, ecc. Non è, quindi, il caso di pretendere che il cenobio di Rabbula abbia conservato il nome antico tale e quale. Il monastero rupestre di Magharat ez-Zagh, ha un secondo piano, dove i monaci potevano dedicarsi a uno studio particolare. In questo cenobio rupestre, dove tutto è scavato nella roccia, trovano riparo solo capre e pecore, e ai contadini non dicono nulla né l'abside che è difronte all'ingresso, né il sarcofago che è accanto all'abside, né il vaso da dove i fedeli attingevano l'olio per versarlo nel sarcofago che racchiudeva il corpo del santo Fondatore. La grotta non serve per le cornacchie, perché queste non trovano dove fermarsi e dove fare il nido. Il lettore potrebbe domandarci: "Perché i contadini chiamano con *questo nome* la grotta che fu l'oratorio di antichi eremiti?" Rispondiamo: "Dopo un abbandono di millequattrocento anni, sono possibili sia un'alterazione del nome sia una decimazione delle lettere. Il nome attuale del nostro cenobio rupestre non è frutto di *fantasia*, ma *residuo* del nome antico *zaghba*. Infine il sito si trova nella regione nord-ovest della Siria, in una zona biculturale, e a metà strada tra Aleppo e Antiochia. Inoltre è da notare che a Ksegbe non vi sono rovine di monasteri, ma semplicemente di un eremo, composto di due camere per gli eremiti, e di una camera funeraria che fu aggiunta per mettervi il sarcofago con le spoglie mortali del Fondatore.

2 - Che i fratelli non si rechino nei villaggi, fatta eccezione per l'economo del monastero ed egli mantenga l'ordine della castità.

I monaci non posseggano, in proprio, pecore, capre, cavalli, muli o altri animali eccettuato un asino per quelli che ne abbiano necessità, oppure un paio di buoi per coloro che seminano.

Quest'ultima ammonizione è molto interessante perché ci fa conoscere quanto fosse varia la vita nei monasteri. Alcuni possedevano terreni e i monaci li coltivavano, mentre altri, con la stessa benedizione di Dio si davano alla contemplazione. Nessuno, però, poteva possedere o vendere per un profitto personale. Il monaco doveva anche sacrificare i propri gusti al bene comune e obbedire alla volontà del superiore. Così fecero a Qurzahel, presso l'odierna cittadina di 'Afrin, due monaci stiliti, pieni di zelo per le anime e di spirito di obbedienza. Per operare il bene verso l'intera comunità, lasciarono le folle che si accalcavano attorno alla loro colonna e partirono per la nuova destinazione, per lavorare per tutta la comunità monofisita. Il primo fu eletto patriarca il 21 aprile del 910 e prese il nome di Giovanni IV, e il secondo, eletto il 28 agosto del 956, prese il nome di Giovanni VI.

Nel 936 il monaco Giovanni della Montagna Nera, una piccola catena montagnosa a nord-ovest di Antiochia, fu eletto patriarca dal sinodo dei vescovi monofisiti. Lasciò anche lui la quiete della montagna per il nuovo ufficio, prendendo il nome di Giovanni V. Consacrato vescovo, fece scendere dalla colonna lo stilita Abramo di Teleda, per consacrarlo e inviarlo alla sede di Edessa.

Perché abbracciavano la vita religiosa?

"Il Monachesimo", dice Turbessi, *"deve essere considerato in pieno contesto ecclesiale. Da qui il suo valore e le ragioni ultime della sua origine e della sua sopravvivenza ai nostri giorni"*[14].

Più esplicito è Dattrino: *"Le ragioni più profonde e più convincenti vanno ricercate nelle pratiche dei consigli evangelici. Il desiderio di raggiungere la perfezione della vita spirituale, per essere più vicini al supremo modello veduto in Cristo, è all'origine di questa ultima aspirazione nata fin dall'inizio della cristianità, con il sorgere delle persecuzioni"*[15].

Infine ecco quanto dice Verheijen: *"Il Monachesimo ha una preistoria. Ben presto nella vita della Chiesa si vedono uomini e donne che, pieni di amore di Dio, decidono di consacrargli la loro esistenza... cercano già a trasformare la loro vita quotidiana in preghiera"*[16].

---

[14] Turbessi, *Regole*, 13.
[15] Dattrino, *Il Primo*, 11-12.
[16] Verheijen, *Les Premiers*, 214.

Il paradiso perduto

L'oratore autentico, fosse pure ignorante come s. Simeone Stilita, tiene inchiodati gli uditori, purché sia santo e creda a ciò che insegna con la predicazione. Nell'ultimo trentennio del IV secolo gli antiocheni avevano il migliore oratore della Siria, l'oratore più sincero, Giovanni, soprannominato, per la sua eloquenza, *Crisostomo* (Bocca d'oro).

Tra i molti studiosi che ci hanno tramandato notizie della sua vita e della sua attività apostolica scegliamo S.S. Benedetto XVI, perché, ultimo a parlarne in ordine di tempo, ha avuto maggiore possibilità di controllare le date riguardanti la sua vita, sia quella antiochena che quella costantinopolitana.

Il Crisostomo nacque in Antiochia verso l'anno 349. Il nome di suo padre, Secundus, tradisce un'origine latina e quello di sua madre, Anthusa, un'origine greca. Costei, rimasta vedova ancor giovanissima, volle consacrare la propria vita all'educazione del figlio.

Dopo gli studi superiori e di filosofia, Giovanni frequentò i corsi di retorica del retore pagano Libanio, dopo i quali si mise alla ricerca del *paradiso*... Lo trovò sul monte Silpio, dove visse quattro anni a servizio di un monaco anziano, e due come anacoreta in una grotta.

Più tardi dal pulpito della *domus-ecclesia*, che è del periodo degli apostoli Pietro e Paolo, Barnaba e Luca e del vescovo Ignazio, martire, il Crisostomo, divenuto diacono, raccontava quelle cose che lui stesso aveva vedute e gustate sul Silpio; in più, ne portava le prove. La sua parola diventava una sfida e il discorso si aggirava spesso sul ricordo di battaglie sostenute anni prima, per la divinità del Verbo, da coloro che portavano Cristo nel cuore. Non tralasciava di parlare dell'apostolo Paolo, che visse alcuni anni nello stesso quartiere degli uditori. Parlava dell'antiocheno Ignazio, il celebre vescovo che desiderava di essere stritolato dai denti dei leoni, durante gli spettacoli offerti dall'imperatore al popolo romano. Parlava di Babila, anch'egli vescovo di Antiochia, che una notte di Pasqua tenne inchiodato l'imperatore Filippo l'Arabo all'ingresso della chiesa, finché non promise che avrebbe fatto penitenza per gli omicidi commessi.

Spesso parlava dei santi, non di quelli che stavano già in paradiso, ma di quelli che vivevano tra le boscaglie e nelle grotte del monte Silpio, a due passi dalla *strada colonnata* della città. Non erano chiacchiere! L'oratore era stato ammaliato dalla serenità di un eremita che servì per quattro anni[1]. Gli chiese che gli insegnasse la *filosofia*, quella vera, quella, cioè, che fa discernere le verità vere da quelle che, senza esserlo, vogliono apparire tali. In contraccambio, gli avrebbe procurato una brocca d'acqua e un po' di pane d'orzo, oppure un po' di lenticchie che, prima di mangiarle, bisognava metterle nell'acqua. Ma quel cibo era poco, tanto poco da non bastare né per il vecchio, che digiunava quasi tutta la settimana, né per lui che quando era a casa non aveva mai saputo che cosa significasse aver fame, mentre nel tugurio dell'anziano la pativa di giorno, quando lavorava, e di notte, quando si stendeva sul sacco di paglia per dormire.

Parlava per esperienza quando tuonava dal pulpito contro i gaudenti: "*Con lo stomaco vuoto, ci si alza facilmente per la salmodia [notturna], senza tanti sbadigli*"[2]. *Simili a lampade illuminano tutta la terra, proteggono con le loro preghiere i baluardi della città* (*In Mattheum* Hom. XXIII). *I mondani dormono anche di giorno, i monaci vegliano anche di notte. Essi sono i figli della luce; hanno diviso il giorno in quattro parti e alla fine di ogni parte onorano Dio con salmodia e inni... Quando noi sbadigliamo, ci grattiamo, sbuffiamo, russiamo, essi cantano con gli Angeli* (in *Ep. ad Titum*, Hom. XIV).

Ma quella vita *angelica* non era per lui. Cristo lo chiamava a una testimonianza maggiore, nella capitale dell'impero bizantino. Dopo sei anni si ammalò e scese in città per rientrare nella casa di Anthusa, mesto come un segugio che non aveva carpito la preda!

Buon per noi che sia sceso! Se fosse rimasto sul Silpio a tagliare legna e a portare brocche d'acqua, *Bocca d'oro* sarebbe rimasto muto, come tante migliaia di monaci che parlavano solamente con Dio. Buon per lui se fosse rimasto lassù! Non avrebbe conosciuto l'animosità degli alessandrini che, nel 397, non videro di buon occhio la scelta dell'imperatore Arcadio di innalzare un antiocheno alla prestigiosa sede di Costantinopoli e che, nel 407, dieci anni esatti dopo quell'elezione, abbozzarono un sorriso quando sentirono che era morto di freddo e di stenti nei confini orientali dell'impero.

Ma dove era il *paradiso* desiderato dal Crisostomo ?

Secondo lui era nel verde delle boscaglie del monte Silpio, al di sopra della linea ideale che va dalla chiesetta del monte Stavris, detta di s. Pietro, sino al santuario, sul Silpio, dedicato, oggi, a *Ḥabīb an-Najjār*, un asceta musulmano che sembra avere tutti i connotati per essere un doppione di s. Giovanni Evangelista, l'Apostolo *prediletto*, alias, il *ḥabīb* del Signore, come lo chiamano da duemila anni i cristiani

---

[1] Festugière, *Antioche*, 329. S. Giovanni Crisostomo, dopo aver servito l'anziano per quattro anni, si ritirò a vita eremitica; ammalatosi, ritornò ad Antiochia, dove venne ordinato diacono l'anno 381.

[2] Crisostomo, *In Ep. Ad Tim*. Hom. XIV.

S. Giovanni Crisostomo, già monaco eremita sul monte Silpio, poi patriarca di Costantinopoli.

d'Oriente[3].

Ai giovani antiocheni che cercavano qualcosa al di là della materia, il diacono Giovanni dava un consiglio pratico e di facile attuazione: *"Sali alle capanne dei santi... Rifugiati presso l'eremo di un santo, è come passare dalla terra al cielo... (I monaci) sono veramente santi, angeli in mezzo agli uomini"*[4].

Qualche anno prima un altro ancora, innamorato come lui della vita monastica, aveva tentato di vivere la vita degli angeli. Si chiamava Girolamo, nativo della Dalmazia. Prese la via dello studio, ma dopo qualche anno, subì il fascino dell'ascesi monastica che il vescovo Atanasio aveva lasciato a Treviri, dove era stato esiliato

[3] Peña, *Inventaire du Jebel el-A'la*, 60. Dussaut, *Topographie*, 430 n.9, dice che Ḥabīb an-Najjār *"était d'origine chrétienne"*, citando Ibn Shaddād e Le Strange. All'asceta Ḥabīb an-Najjār furono dedicate a Banabel (Jebel el-A'la) in Siria, prima la torretta di stile romano e, poi, la grotta che si trova accanto. Nella città di Antiochia fu costruita in suo onore una moschea, sulla via colonnata, a circa 300 m. a nord della chiesa di rito latino, mentre sul Silpio si trova una grotta dove i fedeli ricordano l'asceta e impetrano la sua intercessione lasciando nelle cavità della roccia dei sassolini. Li abbiamo notati nell'ottobre del 2005.

[4] Benedetto XVI, *I Padri*, II, 45.

per ordine dell'imperatore Costanzo II, a causa della sua fedeltà all'insegnamento degli Apostoli.

Girolamo, terminati gli studi e ricevuto il battesimo, decise di abbandonare ogni carriera mondana. Lasciò Roma che l'allettava, sostò qualche giorno ad Aquileia per salutare gli amici, e fece un salto a Stridone per dire "addio" ai genitori. Partì per la Siria nella primavera del 374, attraversò la Tracia, la Bitinia, la Cilicia e arrivò ad Antiochia.

Essendo straniero e non conoscendo bene il paese, si mise alla ricerca del *paradiso*. Dove era? Gli indicarono il Silpio, che il Crisostomo qualche anno dopo avrebbe suggerito ai giovani antiocheni, ma non gli piacque perché era troppo vicino alla città. Vi era il monastero di Maronia, nella pianura del ʿAmq, a poco più di trenta chilometri a nord-est di Antiochia. Qui viveva un gruppo di eremiti sotto la direzione di un *abate*; Girolamo passò oltre: quel monastero non era per lui! Più a nord, sulla via che conduceva a Cirro e Edessa, vi era il protomonastero di Genderes; non gli piacque neanche quello.

Purtroppo il periodo e il luogo della sosta in Antiochia erano i meno indicati perché Cristo era predicato da quattro pulpiti, e i fedeli di Antiochia avevano quattro guide diverse: i Meleziani, guidati dal vescovo Melezio e, più tardi, dal prete Flaviano. Vi erano i Paulinisti, di fede cattolica, con il prete Paolino a capo; gli Apollinaristi che accettavano la dottrina di Apollinare circa l'unione ipostatica delle due nature in Cristo e, infine, i Semiariani. Tutti e quattro i gruppi si rifacevano a Cristo, ma gli ultimi tre avevano un capostipite troppo giovane, di pochi anni.

Gli unici che potevano recitare il Credo niceno, a voce alta, e risalire storicamente alle fonti apostoliche, erano i Meleziani. In più, costoro avevano una chiesa che poteva vantarsi dell'insegnamento di Ignazio, di Teofilo e di Babila. In quella confusione, Girolamo aderì, non sappiamo perché, ai Paulinisti che se non possiamo chiamarli eretici, erano certamente dissidenti, termine, questo, che non giustifica le azioni umane e, tanto meno, lo scandalo della discordia.

Finalmente, dopo tante ricerche, nella seconda metà di quell'anno, Girolamo partì per il deserto di Chalcis, a un centinaio di chilometri a sud-est di Antiochia, dove l'unica voce che si sentiva era quella del vento, e quella della solitudine, profonda! Era proprio quello che cercava lui. Il suo cuore era gonfio di gioia; aveva scoperto la *perla*, aveva trovato il *paradiso*. Finalmente! "*O deserto ripieno di fiori di Cristo!… O solitudine ove nascono le pietre atte a costruire la città del gran Re secondo la visione dell'Apocalisse. O eremo in cui si gode l'intimità con Dio!*"[5]

Girolamo volle comunicare la sua gioia all'amico Eliodoro: "*Godo d'avere deposto il fardello della carne, e di volarmene verso il cielo, luminoso e terso… Ti atterrisce l'ampiezza sconfinante del deserto? Ma tu con la mente camminerai in*

---

[5] Girolamo, *Le Lettere*, Lettera XIV al monaco Eliodoro, 94.

Tell Qinnesrin dove iniziava il deserto di Chalcis. Qui si era ritirato Marciano di Cirro. Foto P. Daltan.

paradiso[6].

Neanche due anni dopo finiscono l'idillio della solitudine e l'incanto del deserto. I suoi occhi cominciano a sentire il bruciore della sabbia e, da uomo intelligente, lo comprende subito: il deserto, che separa la terra civile dal territorio dei barbari, sta per vincerlo. I monaci non sono più *fiori di Cristo*! Quel deserto era pieno di insidie per la fede.

Vi erano monaci di quattro tendenze, che si rifacevano ai capi religiosi di Antiochia. Ogni giorno vi era una lotta: "Tu con chi sei? Sei dei nostri?". Girolamo pur di non essere infastidito da quelle chiacchiere, ridendo, diceva di essere pronto a farsi battezzare un'altra volta!

La notte non pensava più alla salmodia, alla meditazione, alla lingua greca e alle lezioni di lingua ebraica che gli dava un *minim* di Aleppo. Non dormiva; pensava alle mille domande che gli avrebbero rivolto l'indomani i *suoi vicini*! Il deserto era infetto di ignoranza e di fanatismo e decise di uscire da quella trappola. Ne fu impedito dai mesi invernali che lo costrinsero ad attendere la primavera liberatrice!

Girolamo abbandonò il tanto sospirato *paradiso* che, come il Crisostomo, si era scel-

---

[6]   *Ibidem.*

to lui stesso, e nella primavera del 377 ritornò ad Antiochia, non per malattia, ma per incompatibilità di carattere. Le lettere che scrisse agli amici ci fanno conoscere il suo pensiero sul conto dei monaci del deserto di Chalcis, coi quali era vissuto quasi due anni.

Il *paradiso del Crisostomo pieno di angeli* era nel verde del monte Silpio, e lì restò[7]. Ma per Girolamo cambiò posto, *perché i fiori dei prati* gli erano divenuti più spinosi delle ortiche. Era meglio vivere nelle selve, con le bestie selvatiche, che in quel deserto!

S. Girolamo che scelse il deserto di Chalcis e dopo circa due anni ritornò in Italia.

I due *paradisi* erano stati prefabbricati con fretta e furono smontati con molta facilità. Il Crisostomo e Girolamo li abbandonarono; il primo per trovare la salute del corpo, il secondo per ritrovare la pace dell'anima.

Tutti e due, amanti del Libro Sacro, sono onorati come Dottori della Chiesa universale. Entrambi tornarono all'*inferno* della città, ad Antiochia, forse senza mai incontrarsi. Ognuno pregava nella chiesa del proprio pastore! Entrambi erano entrati in paradiso pieni di gioia, entrambi ne uscirono mesti, incerti sull'avvenire. Il Crisostomo morì il 13 settembre dell'anno 407 a Comana, sul mar Nero, lontano dalla sua città, ai confini dell'impero. Girolamo morì a Betlemme il 30 settembre del 420, anche lui lontano dal paese nativo.

[7]   Crisostomo, *In Ep. Ad Tim*. Hom. XIV.

I PRIMI EREMI

Parlare delle origini del monachesimo siriano è come addentrarsi in una foresta senza via d'uscita. La difficoltà proviene dalla cerchia assai ristretta di coloro che si sono interessati del problema e dai pochi documenti che ci sono pervenuti. Come già altri studiosi ci siamo posti la seguente domanda: "Quando apparve il monachesimo in Siria"?

Eremo di Kharab Shams (J. Sim´an orientale). Pressoio familiare. Foto B. Zaza.

È certo che la vita monastica cominciò con gli anacoreti, fu seguita dagli eremiti e si concluse con i cenobiti. Cassiano racconta che il monaco Giovanni, discepolo di Paolo, del monastero vicino a Panafisi, in Egitto, si dichiarava indegno di praticare la vita solitaria, pur non negando le difficoltà della vita cenobitica. Esponeva i pericoli di entrambe le vite e i rischi che corre colui che si dà alla vita eremitica senza essere stato purificato nel *crogiuolo della vita comune*. Diceva ancora che i monaci Pafnuzio e i due Macari avevano saputo unire la sopportazione della solitudine più tremenda con la pazienza immensamente compassionevole per la debolezza dei fratelli[1].

E noi, dopo aver visitato quasi tutti gli eremi e i monasteri della regione antiochena, prima di iniziare il presente lavoro, crediamo alle difficoltà sia della vita eremitica che di quella cenobitica. Ai nostri lettori non daremo risposte evasive e scarteremo le ipotesi che sino adesso non hanno apportato nulla di nuovo alla soluzione dei numerosi problemi pertinenti alla storia del monachesimo siriano.

Per arrivare a una risposta convincente e accettabile andremo a ritroso nella storia, partendo dalle date storiche certe. Infine consulteremo l'archeologia per conoscere le più antiche fondazioni monastiche e l'ambiente rurale, per vedere se i giovani delle popolazioni cristiane avevano la possibilità di vivere secondo l'ascesi monastica.

Tra i primi eremi inaugurati da Ammiano, Mariano, Teodosio e Bassus, e i primi cenobi quali Genderes, Teleda, Rhosos e Telanissos non troviamo grandi differenze nei metodi di santificazione. La volontà degli eremiti e dei cenobiti tendeva a un triplice scopo: purificare l'anima con la mortificazione del corpo, lodare il Creatore con inni e preghiere e, infine, essere luce, cioè indicare ai fratelli con l'esempio la via del paradiso.

Fra i monaci non vi erano metodi scentifici e discussioni filosofiche, ma solamente gare per poter superare i fratelli negli atti di penitenza, nella preghiera e nella carità. A Genderes vi erano preghiera e spirito apostolico; a Rhosos la preghiera e il lavoro manuale; nelle torri l'eremita e il discepolo lavoravano facendo stuoie e ceste e, la notte, alla luce della lampada, pregavano per i viaggiatori e per il popolo cristiano. A Teleda i monaci si alzavano ai primi chiarori della luce; altrove cantavano inni al Creatore, oppure si facevano trovare dal sole che sorgeva con le mani alzate al cielo, sin dalla sera precedente, come s. Simeone Stilita. A Telanissos il fondatore prescrisse di pregare a turno ventiquattr'ore su ventiquattro e i monaci non dovevano andare in giro per chiedere l'elemosina, e diceva e ripeteva loro che i benefattori stessi sarebbero venuti ad offrire il vitto ai duecento monaci, e si sarebbero fermati in chiesa a pregare con loro.

Un giorno alcuni fedeli domandarono a un monaco: "Quale bene hai tratto dalla vita eremitica?". Rispose il monaco: "Ho ricevuto quattro grandi benefici: primo, so che il Signore non mi lascia senza cibo; secondo, so che morirò e io attendo quel giorno; terzo, so che ho dei doveri e li compio; quarto, Dio mi vede ovunque e non commetto ciò che non vuole".

Colui che ha consacrato la propria vita al servizio di Dio e del prossimo acquista questa sapienza. E noi cercheremo, appunto, i primi monaci che si consacrarono a Dio per acquistare quella sapienza che guida l'uomo verso la porta del paradiso.

Le fonti alle quali attingeremo per conoscere questi *sapienti*, sono le seguenti:

---

[1]   *Vita e Detti*, I, 287.

A - *La cronologia*
B - *La tradizione*
C - *Gli apologeti*
D - *L'ambiente rurale e i primi rifugi*

Da queste fonti trarremo le dovute conseguenze; andremo a ritroso e ogni data che risulterà sicura o probabile, costituirà una pietra utile per ricostruire storicamente gli inizi del monachesimo siriano.

A - La cronologia

I - Monastero di Qasr el-Banat. Anno 420-418

Pur essendo la data della fondazione del monastero di Qasr el-Banat piuttosto tardiva è da considerarsi una pietra miliare nella storia del monachesimo siriano perché, sino ad oggi, è l'unico monastero della Siria settentrionale che ci fornisca una data sicura della vita cenobitica.

Il monastero sorgeva accanto alla strada romana che univa Antiochia, capitale della *Syria Prima*, con Chalcis, capoluogo della regione della Calcide e centro militare principale della frontiera orientale dell'impero. I ruderi del monastero si possono vedere appena varcata la frontiera siriana di Bab el-Hawa.

Gli studiosi sono risaliti alla data della sua fondazione attraverso l'iscrizione greca scolpita sull'imposta dell'arcata sud-est della basilica conventuale. Essa ci fa sapere che l'architetto siriano Markianos Kyris aveva costruito la basilica, annessa a quel monastero, per voto fatto. Morì un anno prima della fine dei lavori ed, essendo *presbitero* e *benefattore*, ebbe il privilegio di essere seppellito in chiesa, non nell'abside (presbiterio), come credono alcuni, ma, come dice Lassus, sotto l'arcata sud-est del colonnato meridionale. La parola greca *apsis*, oltre a significare *abside*, significa anche *arco o arcata*.[2]

II - Anno 387

Dalle *Omelie* di s. Giovanni Crisostomo e dalla *Storia dei Monaci Siri* di Teodoreto, veniamo a sapere che quell'anno l'imperatore Teodosio aveva imposto nuove tasse alla città di Antiochia. La popolazione povera, sobillata dal ceto benestante, si ribellò abbattendo le statue dell'imperatore e dell'imperatrice, atto che era considerato *delitto di lesa maestà* e veniva punito con la pena capitale. Abbattute le statue, tutti cominciarono a riflettere sulle conseguenze. I ricchi lasciarono la città e si rifugiarono nella campagna circostante; i poveri, invece, che non possedevano terreni, né avevano la possibilità di

---

[2]   La parola *apsis* dell'iscrizione greca può indicare sia l'abside della chiesa, sia un arco qualunque o una delle arcate meridionali della chiesa. Cf Lassus, *Sanctuaires*, 230-231. Butler, *Publication*, III, n. 76, traduce la parola *apsis* con abside.

prendere in affitto qualche locale, rimasero necessariamente in città.

In quei frangenti il vescovo Flaviano e alcuni notabili pensarono che la miglior cosa fosse quella di andare a Costantinopoli e implorare il perdono dall'imperatore. S. Giovanni Crisostomo e Teodoreto ci raccontano che tra i monaci che vivevano sul monte Silpio, si distinse per zelo e audacia l'eremita Macedonio il quale, conscio del proprio ascendente su alcuni ufficiali dell'esercito, diceva loro di informare l'imperatore che a nessuno è lecito uccidere una persona umana[3].

III - Periodo attorno all'anno 386

È il periodo in cui il Crisostomo, ordinato diacono, inizia la sua predicazione. In una delle sue omelie domenicali dice che dopo la recita dei salmi, il lavoro quotidiano dei monaci consisteva nel tagliare la legna, accendere il fuoco, ecc., azioni, queste, proprie di monaci che conducevano vita comune in un cenobio. Anche se non conosciamo il nome e il sito di quel cenobio, dobbiamo ammetterne l'esistenza nelle vicinanze della città sulle prime falde del Silpio.

IV - Anno 384

Il 23 aprile di quell'anno la pellegrina spagnola Eteria, o Egeria, si trovava presso la città di Charrae (oggi Harran, in Turchia, a nord della città siriana di Derbessie) e assistette alle celebrazioni liturgiche che in quel giorno si svolgevano nel *martyrion* di s. Elpidio con grande concorso di popolo.

Terminate le celebrazioni Eteria fu accompagnata dal vescovo della città nella visita delle celle di quei santi monaci che, dal racconto della stessa, sembra che fossero una vicina all'altra.

V - Periodo tra gli anni 377-374

S. Girolamo nel 374 arrivò ad Antiochia e, dopo una breve sosta, cominciò a visitare alcuni monasteri tra i quali quello di Maronia, a circa trenta chilometri a nord-est di Antiochia, dove i monaci conducevano vita cenobitica sotto la direzione di un *abate*. Si recò nella solitudine del deserto di Chalcis e vi rimase quasi due anni. Qui Marciano, lasciati i beni familiari, si era ritirato ai limiti del deserto e diresse molti giovani, scegliendo tra questi alcuni perché andassero nella regione di Apamea e vi fondassero dei monasteri[4].

---

[3]   Teodoreto, *Storia*, 186. Idem, *Storia Ecclesiastica*, l.V, c. 20. Vedi anche Festugière, *Antioche*, 285.
[4]   Teodoreto, *Storia*, 108.

VI - Anno 365

Secondo gli studiosi è l'anno probabile in cui il monaco Asterio, sull'esempio del suo maestro, Giuliano, fonda il cenobio di Genderes, a una quarantina di chilometri a nord-est di Antiochia, e con Acacio, monaco di quella comunità, si reca in Osroene per convincere Giuliano a venire in Antiochia e sfatare, con la sua semplice presenza, le dicerie dei semiariani, i quali asserivano che il suddetto Giuliano aveva abbandonato la fede nicena ed era passato alle loro file. Secondo Schiwietz il cenobio di Genderes sarebbe stato fondato tra gli anni 335-340[5].

VII - Periodo tra gli anni 325-299

Secondo la narrazione di Teodoreto, s. Giacomo di Nisibi (270-338) prima di essere eletto vescovo di quella città, conduceva vita eremitica, vivendo in aperta campagna. Solamente nei mesi invernali si rifugiava in una grotta[6].

VIII - Periodo dei Severi

Eusebio di Cesarea racconta nella sua *Storia Ecclesiastica* che Narciso, vescovo di Gerusalemme, fu calunniato da alcuni invidiosi. *"Non potendo sopportare quelle infamanti tacce e, d' altronde, già da lungo tempo desideroso di darsi alla vita filosofica, abbandonò la sua gente e la sua Chiesa, e per parecchi anni visse nei deserti e nei luoghi sconosciuti, e vi restò lunghi anni"*[7].

Con tutta probabilità il luogo era la regione del Calamon, tra Gerico e il Giordano. Il traduttore della *Vita di Gerasimo* riferisce a pagina 8 che secondo una tradizione, riportata dalla *Vita di Caritone*, *"ancor prima che venisse fondato il primo monastero all'inizio del IV secolo, vi erano eremiti che vivevano nel canneto di Calamon sulle rive del Giordano"*.

In questo caso noi avremmo sin dalla metà del II secolo colonie già formate di eremiti. Segno, questo, di libertà religiosa.

B - La tradizione

Circa le abitudini riguardanti la vita di preghiera e di penitenza, praticata da certi cristiani, Sozomeno dice che *"Filone, con quanto narra, sembra che voglia indicare i cristiani del suo tempo, i quali convertitisi dal giudaismo, conservarono i costumi dei Giudeï"*.

---

[5]   *Ibidem*, 101.
[6]   *Ibidem*, 75.
[7]   Eusebio, *Histoire*, II, 98. Riportiamo quanto dice il traduttore al n. 3: *"Narcisse serait ainsi un des premiers exemples , sinon le tout premier, de la vie érémitique dans l'Eglise. Sa fuite au désert ne laisse pas de soulever quelques difficultés"*.

C - Gli apologeti

Tra gli apologeti merita un posto eminente s. Giustino. Nato a Flavia Neapolis (oggi Nablus, in Palestina), frequentò da giovane le scuole degli stoici, dei peripatetici e dei pitagorici, e finì con l'approdare alla filosofia platonica e alla fede cristiana l'anno 130. Andato a Roma verso l'anno 140, aprì una scuola dove diede lezioni sul cristianesimo. Nella sua *Prima Apologia*, scritta in difesa di alcuni condannati a morte per la fede cristiana, parla della vita come la vivono i cristiani, e difende il pregio della continenza: "[Noi] *fin dall'inizio o ci sposiamo solo per allevare figli o, rifiutando le nozze, viviamo in continenza fino alla fine* (della vita)"[8].

Il pensiero dell'apologeta ateniese Atenagora, nella sua *Difesa dei Cristiani*, era questo: che non sono le circostanze materiali che spingono l'uomo o la donna a rifiutare il matrimonio, ma è uno scopo di ordine spirituale. Dapprima accenna alla condotta dei pagani e alle azioni nefande dei loro dèi, poi parla della condotta dei cristiani prima del matrimonio. "*Potresti trovare fra di noi molti uomini e donne che sono divenuti vecchi e non si sono sposati, nella speranza di essere più uniti a Dio... tra loro è presente la temperanza, è praticato il dominio di sé, è osservata la monogamia, si custodisce la castità... si agisce secondo pietà, si venera Dio; la verità è norma dell'agire, la Grazia preserva, la pace protegge*"[9].

Atenagora insegna chiaramente ai pagani che vi è una vita migliore della presente e che la virtù è ricompensata da Dio dopo morte.

L'ultimo apologeta che vogliamo ricordare è il vescovo di Antiochia, Teofilo. Il suo pensiero, però, non è chiaro come quello di Giustino e di Atenagora. Alcuni cristiani di Antiochia praticavano la continenza; ma non sappiamo se la praticassero come scelta di vita oppure per dovere prima del matrimonio. Ecco quanto dice Teofilo: "*... in essi* [i cristiani] *vive la temperanza, è praticata la continenza, è osservata la monogamia; è custodita la purezza, ecc...*"[10].

D - L'ambiente rurale e i primi rifugi

Per l'abitazione, gli eremiti avevano la massima libertà. Vi furono eremiti che si fecero costruire una torretta attigua alla chiesa per potervi entrare direttamente di notte, per la veglia, come si vede nei monasteri di Kusik e Deirune, nel Jebel Barisha, e di Qatura, nel Jebel Halaqa. Altri vivevano in una cella sopraelevata come si può vedere a Dehes, a Babisqa e a Kokanaya, nel Jebel Barisha. Alle prime due casupole si accedeva per mezzo di una scala di legno, che l'eremita, poi, ritirava quando voleva. Alla casupola dell'eremita di Kokanaya, invece, si poteva accedere sempre, di giorno e di notte, per mezzo di

---

[8]   Giustino, *Prima Apologia*, 109.
[9]   Atenagora, *Supplica*, 301.
[10] Teofilo, *Ad Autolicum*, in *Gli Apologeti*, 446.

Kokanaya (J. Barisha): cella sopraelevata dove viveva un eremita ignoto. A pianterreno, sotto l'arco, vi è una tomba che si presume sia quella dell'eremita che abitava nella cella superiore. Foto I. Peña.

una scaletta in pietra, monolitica. A Zerzita, poi, nel Jebel Halaqa, e a Ruweiha, nel Jebel ez-Zawie, le celle degli eremiti erano, la prima, nel cortile di un piccolo monastero, ora distrutto, e la seconda, nel cortile della basilica di s. Giovanni a Damasco e in quello della basilica nel cortile della grande moschea di Hama. La maggior parte degli eremiti aveva una torre a diversi piani, un po' distante dal monastero, come è il caso delle torri di Sarfud, nel Jebel Barisha, e di Dana-nord, nel Jebel Halaqa. Il villaggio di Kefr Hawwar, anche esso nel Jebel Halaqa, aveva quattro torri costruite ai quattro angoli del villaggio. Famosa fra tutte è rimasta la torre del monastero di Qasr el-Banat-nord, alta ventuno metri. Ci appaiono strane, invece, le celle costruite sopra il *diakonikon* della basilica dedicata alla Madonna, a Sheikh Suleiman, nel Jebel Sim'an orientale, e sopra il *diakonikon* della basilica di s. Sergio, a Dar Qita, nel Jebel Barisha.

Oltre a queste casupole, celle, torrette e torri, vi erano anche tende, grotte, tuguri primitivi e sepolcri che, secondo l'archeologia, possono essere datati al III secolo. Sono eremi umilissimi che abbiamo notato nella campagna siriana: a Ksegbe, a Deyr Seta, a Sarakhte, a Magharat el-Hamra, a Ma'atrem, nel Wadi el-Habis e sul Jebel Sheikh el-Barakat.

1 - L'eremo di Ksegbe

Si trova nel Jebel Barisha settentrionale, a una decina di minuti a nord delle rovine della basilica ovest dell'antico villaggio. Lo scoprimmo durante le ricerche degli anni Settanta del secolo scorso. All'inizio l'eremo constava di due celle, che possono risalire al III secolo, come lo indicano le pietre dei ricorsi, semplicemente abbozzate e non rifinite. Con la morte del fondatore fu aggiunta una terza camera, nella parte occidentale dell'edificio, nella quale fu posto il suo sarcofago. Quest'eremo potrebbe essere considerato uno dei *primi* della Siria settentrionale.

2 - I due eremi di Deyr Seta

Siamo all'estremità meridionale del Jebel Barisha. Il primo eremo si trova a sinistra di chi sale al villaggio dalla pianura di Chalcis. Constava di tre camere costruite tra le rocce della montagna, con pietre tagliate malamente. Il sito era ideale durante le persecuzioni, perché non era visibile né dalle abitazioni del villaggio né da coloro che salivano dalla pianura.

Il secondo eremo, tardivo, è situato nella zona settentrionale del medesimo villaggio, poco dopo le ultime case. Il romitorio era circolare e le pareti erano costruite alla maniera degli ovili. Si distingue come eremo per la distanza dall'abitato e per una cisterna scavata fuori del muro orientale. Questo particolare mostra la libertà di poter praticare i loro doveri religiosi e di scegliere il sito come meglio credevano.

3 - Gli eremi di Sarakhte

Con questo nome la popolazione di Kefr Deryan indica una valle poco profonda, che dista circa trenta minuti dal loro villaggio. Vi è un cenobio la cui identificazione è provata dall'esistenza di una cisterna, scavata presso l'angolo della camera nord, e da un *martyrion*, quasi quadrato, costruito espressamente per collocarvi al centro il sarcofago contenente le spoglie del fondatore. Le misure del sarcofago sono quelle ordinarie: m. 1,75 di lunghezza e m. 0,80 di larghezza. È l'edificio n.17 dello studio *Les Reclus Syriens*.

Sparsi nella vallata e in vicinaza del piccolo cenobio (**A**) vi erano cinque poverissimi eremi e una torretta; sono indicati nel summenzionato studio con le lettere **B-C-D-E-F**. Le particolarità, che escludono ogni dubbio nel ritenerli eremi, sono due: il sepolcro a fossa scavato accanto a una cella e le pietre poligonali con cui furono costruiti i muri. A Sarakhte tutto parla di una povertà assoluta e sta ad indicare che gli eremiti colà vissuti sono passati direttamente dalla terra al cielo.

4 - Magharat el-Hamra

Seguendo il corso del fiume Oronte dall'altezza di Balmis sino alla cittadina di Darkush, si incontrano molte grotte che presentano adattamento umano e che potevano servire come rifugi per gente ricercata per delitti o perseguitata per il fatto di essere cristiani. Una di queste grotte, assai grande, chiamata *Magharat el-Hamra* (la grotta rossa) porta segni evidenti di adattazione umana. A una cinquantina di metri a nord, allo stesso livello dell'entrata alla grotta *Magharat el-Hamra*, si vedono una decina di gradini, scavati nella roccia, mentre altri, adattati con pietre ordinarie, facilitavano la salita al monastero rupestre sovrastante. Questo consta di due camere rettangolari, costruite sul lato sud e di alcune tombe a fossa, scavate nella roccia a una ventina di metri a nord. Una di queste tombe non fu terminata: si vede ancora la roccia al centro. Il monastero potrebbe risalire a un'epoca tardiva. Pensiamo che all'inizio della vita monastica, la grotta servisse, in maniera stabile, ad un gruppo di eremiti che dipendevano dal superiore del piccolo cenobio.

5 - Ma'atrem

In ordine di tempo è l'ultimo rifugio; ci fu indicato da alcuni amici di Nuheil, presso Ariha. Lo visitammo con loro e col prof. Fayez Qawsara, di Idlib, il 5 dicembre del 2004. Le grotte si trovano a metà falde della montagna che domina la valle dal lato meridionale. Il sito si raggiunge parte in auto e parte a piedi. Le grotte sono parecchie, ma quelle che ci interessano sono soltanto tre: sono sovrapposte e di difficile accesso. Assicuravano il nascondimento e, nei casi estremi, la fuga.

La prima grotta non ha nulla di particolare mentre nella seconda vi sono due sepolcri a fossa in vicinanza di un masso che, forse all'inizio, fungeva da altare. Il ricercato o i ricercati, nel nostro caso gli eremiti, avevano la possibilità di salire alla terza grotta e, per mezzo di una scala, fuggire attraverso un cunicolo segreto.

6 - Wadi el-Habis

L'espressione araba significa *Valle del monaco recluso* e indica un eremo scavato interamente nella roccia. L'eremo consta di tre grotte sovrapposte e intercomunicanti. Abbiamo esplorato solamente la prima che è a livello del suolo dove, vicino all'ingresso, si notano due iscrizioni in lingua siriaca, un sepolcro e delle vasche. Alla grotta superiore si può accedere per mezzo di una scala a chiocciola scavata nella roccia. Non siamo saliti perché si richiede abilità alpinistica. La gente, da noi interrogata, dice che sopra la seconda grotta se ne trova una terza, dalla quale si può uscire in aperta campagna, attraverso un foro circolare.

Gli eremiti erano di lingua siriaca, lo sappiamo dalle due iscrizioni incise sulle pareti della prima grotta e da quanto narra il patriarca siriano Mīkhā'īl al-Kabīr nella sua *Cronaca*. Dopo la vittoria riportata nel luglio 1164, nella pianura del 'Amq, sui crociati di Antiochia e sugli armeni, loro alleati, Nūr ad-Dīn lasciò in pace i monaci di Wadi el-Habis ma espulse, dal monastero che è di fronte all'eremo siriano, i monaci di lingua greca.

Di che cosa si nutrivano gli eremiti?

Secondo la *Storia dei Monaci Siri*, la maggioranza degli eremiti si nutriva di erbe selvatiche. Siamo vissuti per molti anni nell'Antiochene e in tutte le stagioni. Abbiamo potuto esaminare quasi tutte le erbe che crescono spontaneamente nei terreni incolti e delle quali si nutre ancora la gente di campagna. Abbiamo enumerato più di una trentina di qualità di erbe e di frutti. L'erba più comune è l'indivia, la quale cresce nei terreni profondi e umidi e, con temperature ordinarie, può dare foglie che raggiungono la lunghezza di ventitré centimetri. Se, invece, la pianta cresce in terreni poco profondi e vengono a mancare le prime piogge, produce foglie che raggiungono i cinque centimetri, prendono un colore rossastro e, dopo alcuni giorni, si seccano. Nei mesi invernali se la temperatura resta sui dieci gradi centigradi, la pianta emette nuove foglie e lo stelo, che porta i semi in un apparato ombrellifero, può raggiungere la lunghezza di cinquanta centimetri.

Fiore e pianta di indivia. Foto P. Castellana.

Gli eremiti, di buon mattino, raccoglievano le foglie lunghe dell'indivia che si trovava vicino agli eremi, le pulivano, le disponevano in vasi di terracotta per evitare l'umidità, le salavano e, quindi, le conservavano per l'estate. Salvo malattia, le mangiavano crude, perché, di regola, erano vietati loro cibi cotti. Nella primavera raccoglievano la malva, il cardo e l'asparago.

Vi erano anche gli alberi selvatici che davano frutti gustosi, come le sorbe, le lazzeruole, le giuggiole, le corbezzole, il pistacchio, il mirtillo bianco, il mirto scuro e le ghiande. Infine, vi erano le olive selvatiche che venivano trattate per una decina di giorni con acqua salata e si conservano per un anno intero. Alle erbe e ai frutti selvatici bisogna poi aggiungere il miele selvatico, le lumache, le rane e le tartarughe, ricercate, in tempo di quaresima, dagli aleppini cristiani, fino a una cinquantina di anni fa. Ai frutti selvatici e alle erbe, poi, bisogna aggiungere i frutti stagionali che le buone mamme portavano ai loro figli, naturalmente con molta cautela, per non cadere nella trappola dei delatori!

GLI EREMI E LE PRIME FONDAZIONI

Agli inizi del IV secolo la forma di vita cenobitica bene organizzata prevalse sull'ere-mitismo; fu essa a giudicare se il monaco poteva vivere da eremita, cioè da solo o no. Questo richiamo alla perfezione con la pratica delle virtù controllate dalla comunità cenobitica diede origine a un nuovo eremitismo. L'eremita non era più guidato dalla propria volontà che poteva condurlo a una doppia vita e illudersi di camminare nella via della perfezione con la semplice preghiera, rimanendo, invece, raso terra. Con l'obbe-dienza ad un superiore veniva liberato dal gioco del demonio che cercava di svincolarlo dall'imitazione di Cristo e dall'amore ai fratelli, che gli stavano accanto.

Quanti erano gli eremi e i monasteri in Siria? Nessuno lo sa e nessuno può dire di saperlo, perché la Siria non è stata ancora totalmente esplorata e i pochi autori che hanno scritto sui monasteri ne ricordano soltanto una decina, numero che è molto, ma molto inferiore alla realtà.

Dove vissero i primi gruppi di eremiti? Secondo Sozomeno e Teodoreto vissero nell'Alta Mesopotamia e, precisamente, nella regione di Nisibi. Qui vissero alcuni gio-vani che si distinsero per le loro virtù e per le loro pratiche monastiche, tra cui Battheo, Eusebio, Barges, Halas, Abbo, Lazaro, che divenne vescovo titolare, Abdaleo, Zenone e l'anziano Eliodoro[1].

Costoro furono i cristiani dell'ultima persecuzione, scatenata da Diocleziano. Do-vettero abbandonare la città di Nisibi, o il loro villaggio, per vivere solo per Cristo sulle montagne e nelle grotte.

La poca conoscenza degli eremi e dei monasteri rimarrà sempre limitata, e rimarrà sempre il dubbio circa la data della loro fondazione. La causa sta nelle abitudini del luogo dove furono costruiti. I monaci che abitavano nella regione di Apamea avevano modi e tempi di pregare e di vestirsi e furono chiamati *maroniti*[2], così pure i monaci delle altre zone.

---

[1] Sozomeno, *Historia Ecclesiastica*, l. VI, c. XXXIII, col. 1594. Secondo una tradizione riportata da Sozomeno, il monaco Aone sarebbe stato il primo siriano a vivere vita solitaria e a praticare *"una filosofia molto rigorosa"*.

[2] Daou, *Histoire*.

Un esempio classico rimarrà il cenobio di Gerade, perché il cenobio fu costruito seguendo le linee architettoniche delle ville residenziali, e sino ad oggi vi sono archeologi che lo scambiano per una villa.

Anche nell'Antiochene vi sono eremi e piccoli cenobi che non sono stati riconosciuti a causa della loro forma. È accaduto nel Jebel Sim'an orientale, nel villaggio di Burj Heydar, a una cinquantina di metri a sud della basilica del IV secolo; vi è un piccolo cenobio o un eremo dove vivevano cinque o sei eremiti che disponevano di un piccolo oratorio. Anche l'eremo che sta sulla piccola spianata della collina che da nord domina le rovine di Kharab Shams è stato ignorato; poteva accogliere quattro o cinque eremiti che disponevano della cappella del VI secolo per le preghiere giornaliere. Sono state ignorate anche la torretta che si vede sul lato nord della chiesa di Qabtan el-Jabal a circa un chilometro da Sheikh Suleiman, e la torretta di Babisqa che si vede accanto all'angolo sud-ovest della basilica di Markianos, con i due eremi che stanno a circa cinquecento metri a sud della stessa basilica.

La prima fondazione monastica in Siria

La prima fondazione cenobitica in Siria è da attribuirsi al monaco Asterio che volle imitare il suo maestro Giuliano e riunì gli eremiti, che erano con lui, in un monastero. In quale punto esatto fu costruito? Tutti dicono che il monastero doveva trovarsi in pianura ai piedi del *tell* o collina che si vede a sud del villaggio di Genderes. Nell'aprile del 2003 mi recai, insieme con Peña e Fernàndez, al sito indicato per vedere i resti del primo monastero siriano. Rimanemmo delusi perché in quel luogo non vi era nulla che indicasse l'esistenza di un monastero[3].

Secondo la tradizione il cenobio di Genderes sarebbe stato fondato tra il 335 e il 340 e, sino a prova contraria, gli studiosi accettano questa data.

In seguito, la condotta di Asterio fu imitata da Teodosio a Rhosos; da Ammiano ed Eusebio a Teleda I; da Publio a Zeugma e da Simeone, l'Anziano, nelle montagne attorno ad Antiochia.

Il monachesimo nella Siria settentrionale

Sozomeno, parlando delle origini del monachesimo in Siria, asserisce in maniera generale che i siriani e i persiani potevano contendere, per numero, coi monaci egiziani.

Non mangiavano pane di grano o di orzo e non bevevano mai vino; il loro nutrimento erano le erbe selvatiche, per quasi tutto l'anno. Il lavoro dell'approvvigionamento non causava alcuna perdita di tempo al loro spirito, perché ripetevano continuamente le preghiere che, da piccoli, avevano imparato in chiesa o in casa, dalle loro mamme, e

---

[3]   Teodoreto, *Storia Ecclesiastica*, 122,123,125. Fu in questa nuova fondazione che s. Simeone Stilita, verso la fine del IV secolo, abbracciò la vita monastica. *Ibidem*, 250.

lodavano il Signore, cantando inni sacri tradizionali.

S. Giacomo, prima di essere vescovo, condusse vita eremitica sulle vette delle più alte montagne del Sinjar, attorno a Nisibi. In primavera, in estate e in autunno viveva tra le macchie boschive, mentre il periodo invernale lo passava in una grotta che gli offriva un riparo dal freddo e dalle piogge. Si nutriva non di ciò che era seminato e piantato con fatica umana, ma di *"ciò che cresceva in modo naturale"*[4].

Anche il territorio di Charre (oggi Harran, in Turchia) fu benedetto dal Signore. Ebbe molti eremiti, tra i quali Sozomeno ricorda un certo Eusebio che trascorse vita solitaria in una grotta, e Protogene, che succedette a Bito (Vito) nell'ufficio episcopale di quella città[5].

Con Nisibi e Charre, Edessa pure può vantare di avere avuto eremiti fin dai primi tempi. Un gruppo composto di circa cento monaci erano guidati dal celebre Giuliano, al quale Teodoreto consacra il secondo capitolo della *Storia dei monaci siri*[6].

Nell'Antiochene vi sono molti eremi e piccoli cenobi che non sono riconosciuti a causa della loro forma. Nel Jebel Sim'an orientale, a Burj Heydar, a una cinquantina di metri a sud della basilica del IV secolo, vi è un piccolo cenobio dove trovavano alloggio sei o sette monaci e un oratorio che serviva per la preghiera quotidiana.

Teleda I

Teleda I è tra i pochi monasteri sulla cui fondazione siamo bene informati. All'inizio fu scelto da Ammiano come luogo ideale per vivervi da eremita, ma col passare degli anni la sua presenza fu notata da alcuni giovani, i quali, desiderosi di vivere la sua stessa vita eremitica, gli chiesero di accettarli sotto la sua direzione spirituale.

Spinto dalla sua umiltà, Ammiano si sentì incapace a quell'opera e fece ricorso ad Eusebio, il quale dopo la morte dello zio materno Mariano, che l'aveva guidato nella vita eremitica, viveva da solo in un eremo poco distante da quello di Ammiano. All'inizio, Eusebio rifiutò di andare a Teleda per vivere con Ammiano e i suoi discepoli. Ma poi, vinto dalla sua ferma insistenza, accettò e, abbandonato il suo eremo, andò a Teleda, dove Ammiano gli affidò la direzione spirituale dei giovani[7]. Ben presto aumentò il numero delle vocazioni e Ammiano ed Eusebio furono obbligati a fondare un secondo monastero. Fu scelto, per la nuova fondazione, un terreno a nord del villaggio di Teleda, ed elessero a quell'ufficio i due monaci Eusebona e Abibion[8].

---

[4]   Teodoreto, *Storia Ecclesiastica*, 75.
[5]   Sozomeno, *Historia Ecclesiastica*, l. VI, c. XXXIII, col. 1394.
[6]   Vedi nota 1.
[7]   Tchalenko, *Villages*, I, 242-247.
[8]   Teodoreto, *Storia*, 252-253.

Il monachesimo nella Siria centrale

Parlando della diffusione del monachesimo nella *Coelesyria, o Syria Secunda*, e dell'evangelizzazione dell'Apamene settentrionale, Sozomeno ricorda l'attività monastica di un gruppo di giovani monaci, discepoli di Paolo di Telmiso, villaggio chiamato, ora, Tell Minnis e situato a circa tre chilometri a est di Ma'arrat en-Nooman.

Questi sono i nomi dei discepoli di Paolo:

- Valentino, originario, secondo alcuni, della città di Emesa, oggi Homs, o, secondo altri, di Aretusa, oggi Rastan, città tra Homs e Hama.

- Un altro, di nome anche egli Valentino, nativo di Tittis, sito del quale si è perduto il ricordo, e che dovrebbe trovarsi nella regione di Apamea.

- Teodoro, nativo di Tittis, come Valentino.

- Marosa, di Nechilis, nome che, probabilmente, corrisponde al villaggio odierno di Neheyl a sud-ovest di Arha oppure Nehlaya situato a tre chilometri a nord di Ariha.

- Basso, di Tell Minnis.

- Bassone, anche egli di Tell Minnis.

- Paolo[9].

Così racconta Sozomeno l'opera di Paolo di Telmiso: "*Avendo radunato molte persone e in diversi luoghi, li formò alla filosofia monastica. Infine pervenne nel luogo detto Jugatum; qui radunò attorno a sé un folto e scelto gruppo di monaci. E dopo esservi vissuto a lungo, morì e fu sepolto in quel luogo stesso. E sino ad oggi prospera una eccellente e divina maniera di vita monastica*".

Il monastero di Jugatum-Urem el-Joz

Premettiamo che Yugatum, secondo Mattern, corrisponde alla cittadina di Urem el-Joz e che il suo monastero fu il primo cenobio, o uno dei primi della Siria e, anche, in ordine di tempo, l'ultima fondazione monastica di Paolo. Nella nostra visita a Urem el-Joz, nel luglio dell'anno 2002, entrammo nella *ziarat* (o cappella) detta dello *Sheikh Ibrahim,* nella quale vi è un sepolcro *ab antiquo*. Alle nostre domande a quale periodo risalisse quel sepolcro, chi vi fu seppellito e come si *chiamasse il defunto*, nessuno ha saputo dircelo e tutti i nostri interlocutori avevano la stessa risposta: "*Non lo sappiamo*". Per il fatto, però, che la suddetta *ziarat* si trovi nel terreno che apparteneva a un monastero e che sia il sepolcro sia la *ziarat* sono stati riparati più volte, sorge il dubbio della sua vera identità e quel sepolcro potrebbe appartenere proprio a Paolo di Tell Minnis.

Quando fu fondato il monastero di Jugatum-Urem el-Joz?

Da quello che dice Sozomeno stesso, gli eremiti erano quasi tutti vivi al tempo della compilazione della sua *Historia Ecclesiastica*. Possiamo, quindi, porre in modo appros-

---

[9]　Butler, *Publication*, 267-270, ill. 284, 285. Tchalenko, *Villages*, 214-216.

simativo la sua fondazione tra gli anni 375-385[10]. Sino a una trentina di anni fa si poteva vedere ancora la parte superiore di una finestra della cappella monastica con la sagoma del V secolo e il capitello di una colonna del chiostro. Con l'allargamento della strada Latakia-Aleppo non si vede piu nulla all'infuori della tomba di Paolo di Telmiso.

Il monastero di Qal'at Sim'an

Secondo l'archeologo Tchalenko il piano e le sovvenzioni per la costruzione della chiesa, del monastero, del battisero e locali annessi, sarebbero frutto dell'interesse dell'imperatore il quale sperava, con quell'atto, in una riconciliazione dei calcedonesi e dei miafisiti. Si pensa che la costruzione sia iniziata verso il 470 e sia durata una ventina d'anni. Sul lato meridionale del braccio orientale fu aggiunta una cappella, dove i monaci si radunavano per la salmodia diurna e notturna. L'architettura della basilica e la decorazione delle arcate e dei capitelli costituivano, con la colonna del Santo, il centro di attrazione dei pellegrini e tutti consideravano quella costruzione una delle meraviglie del cristianesimo. Il monastero poteva accogliere una cinquantina di monaci, i quali dovettero lottare due volte con gli assalitori. La prima volta nel 985 con le truppe di Sa'd ad-Dawlah e la seconda nel 1017 con le truppc fatimite. Questa seconda volta la maggior parte dei monaci morirono negli assalti, mentre i sopravvvissuti furono fatti prigionieri e, legati l'uno all'altro, furono condotti in Aleppo e ivi venduti come schiavi nel *sūq* (mercato) delle bestie[11].

Il complesso edilizio non aveva il muro di cinta che si vede oggi, e questo era un segno della tranquillità che regnava nell'Antiochene. Fu verso l'anno 963 che il patriarca melkita di Antiochia, Cristoforo, si rifugiò nel monastero di s. Simeone per ripararsi dagli intrighi politici contro il Principe di Aleppo, Sayf ad-Dawlah, suo amico. Fu in queste circostanze che ottenne da lui il permesso di costruire il muro di cinta[12].

Questi tre monasteri erano i principali monasteri della Siria che non dipendevano da altri monasteri. In quanto poi alla loro fine conosciamo solamente quella del monastero di s. Simeone Stilita.

Può darsi che l'anno Mille sia stato fatale non solo per questi tre monasteri, ma per tutti i monasteri siriani e la cristianità orientale. Vi furono segni precursori: la conquista araba di tutto l'Oriente, con la quale ebbe fine l'impero bizantino nel Medio Oriente; la riconquista bizantina della Siria occidentale nella seconda metà del X secolo; l'abbandono dei monasteri monofisiti e lo spopolamento dei villaggi della Siria settentrionale; lo spettro della conquista dell'Asia Minore da parte dei popoli asiatici; la proibizione del commercio del grano, del vino e dell'olio con i territori soggetti a Bisanzio; l'abban-

---

[10]   Tchalenko, *Villages* 211-214.
[11]   Tchalenko, *Villages,* 216-218.
[12]   Gli eremi e i monasteri dell'Antiochene e delle altre zone della Siria settentrionale dei quali non conosciamo i fondatori, li abbiamo elencati nel capitolo *Eremi e monasteri dell' Antiochene* di questo libro.

L'ottagono dove s. Simeone pose la sua ul-   Il monastero di s. Simeone
tima colonna e vi restò 37 anni, senza mai
scendere.

dono della campagna da parte degli agricoltori cristiani; le leggi del califfo egiziano al-
Ḥākim bi-Amrillāh con le quali ordinava il taglio degli alberi fruttiferi e l'abbattimento
delle chiese dei villaggi della Siria settentrionale, quali Alia, a sud di Muhambel, di
Knaye e di Ma'rata, a nord di Darkush. Inoltre, i pirati del mare che assalivano le navi
che trasportavano i pellegrini ai Luoghi santi di Palestina; la mancanza di lavoro per le
popolazioni delle città di Antiochia e di Apamea e l'abbandono delle strade romane e
della via fluviale dell'Oronte, causarono l'abbandono delle abitazioni della Siria settentrionale. Tutti questi mali furono completati dai terremoti che concorsero all'abbandono
di intere regioni come la parte orientale del territorio che è a est della strada Ma'arrat
en-Nooman - Hama.

Furono nell'insieme fattori umani e naturali che comportarono, inevitabilmente,
l'esodo dai monasteri e dai villaggi della Siria settentrionale. Con molta fatica e lo studio di decine d'anni abbiamo potuto ricostruire una cartina dei monasteri. E affinché
altri possano continuare e portare a termine questo faticoso e arduo compito, offriremo,
al termine di questo conciso excursus sulla *storia dei monaci siriani*, un elenco degli
eremi e dei monasteri della Siria settentrionale. Aspettiamo uomini di buona volontà e
amanti della fatica.

I MONACI SIRIANI NEL V E VI SECOLO

Il V e il VI secolo furono secoli di avvenimenti religiosi che ravvivarono la fede nei cristiani, ma furono anche secoli di avvenimenti che scandalizzarono molti e fecero nascere nella loro mente il dubbio sulle verità della fede.

Il V fu il secolo del Concilio Ecumenico di Efeso (431) che richiese quasi tre anni di incontri, di lavoro, di pazienza e di dialogo tra Siriani ed Egiziani per la riconciliazione. Fu anche il secolo del Concilio Ecumenico di Calcedonia (451) dove furono ripresi i malintesi del Concilio di Efeso e iniziarono le discordie che portarono vescovie fedeli alle incomprensioni, causando una frattura profonda tra i monaci, sino ad arrivare a una ondata di odio tra Egiziani e Siriani. Con la minaccia del clero calcedonese e con le ispezioni continue della polizia imperiale, i monasteri divennero luoghi di nascondimento che formarono nuclei di resistenza anticalcedonese e, col favoreggiamento della conquista araba, dopo poco più di un secolo e mezzo da quel concilio, i Siriani approdarono alla separazione completa dall'impero bizantino.

Quei due secoli furono anche i secoli delle grandi fondazioni ecclesiali e monastiche. Si costruì a Taqla e a Mushabbak. A Sheikh Suleiman fu eretta in Siria la prima basilica in onore della Madre di Dio e nel 602, sempre a Sheikh Suleiman, fu eretta la penultima basilica. L'ultima fu quella di s. Sergio a Babisqa nel 610.

Il V secolo fu anche l'era dei battisteri, dei *martyria* e dei maggiori monasteri come Batabo, Telanissos, Turmanin, Sergible, ecc. Iniziarono anche i pellegrinaggi ai centri degli stiliti e alle tombe degli eremiti e degli anacoreti.

Ma l'evento più celebre fu la novità apportata da s. Simeone nel 422, con l'inizio dello stilitismo sulla montagna che domina Telanissos dall'est. Non scese mai dall'ultima colonna, alta trentasei *gomiti*, che gli offrì un suo ammiratore. Vi restò sino alla morte che avvenne il 26 luglio del 459. Il suo funerale fu celebrato ai piedi della colonna, dal patriarca di Antiochia alla presenza del capo del presidio militare e di seicento soldati, pronti ad intervenire, in caso di un tentativo di rapimento del corpo del Santo da parte di etnie o tribù interessate. Il suo corpo fu tumulato in Antiochia, nella chiesa costantiniana, detta la Chiesa d'Oro.

S. Simeone ebbe imitatori in tutte le regioni dell'impero: Siria, Libano, Palestina, Giordania, Asia Minore, Grecia, Cilicia, Georgia, Russia, Romania e Alta Mesopotamia; in tutto, centoventicinque stiliti che entusiasmarono il popolo cristiano. Il penultimo stilita visse in Georgia, e fu visitato dal viaggiatore francese Brosset nel 1848[1].

Il numero maggiore degli stiliti fu costituito da siriani; vissero a Telanissos, a Kimar, a Brad, a Teleda, ad Athareb, a Kefr ʿAruq, a Radwe, a Kefr Deryan, a Toqad, a Erhab, a Yahmul, a Hnak, a Maʿarrat Misrin, a Wastaniye, a Kherbet es-Serj, a Qurzahel e a Babisqa.

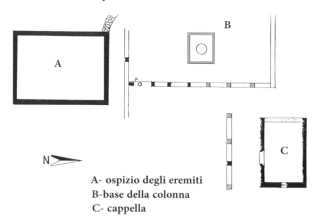

A- ospizio degli eremiti
B-base della colonna
C- cappella

Eremo di Kherbet es-Serj (J. Barisha) dove gli eremiti erano diretti dal monaco stilita Sergio di cui si conserva il sepolcro con il suo nome. Foto I. Peña.

Verso il 470, probabilmente per interessamento dell'imperatore Zenone, ebbe inizio la costruzione del complesso monastico sulla montagna santificata dalle preghiere e dalle penitenze di s. Simeone. Il livellamento della montagna e la costruzione della più grandiosa basilica dell'Oriente comportarono il lavoro di una ventina d'anni, e la costruzione della chiesa, del battistero, del monastero e locali minori arrivò a dodicimila metri quadrati.

Risveglio del movimento monofisita

Nel 512 i monaci della Cinegia, regione che comprendeva il Jebel el-Aʿla e parte della pianura che è a sud di Idlib, sobillati dai monaci Severo e Pietro, vollero andare ad Antiochia per costringere il vescovo della città, Flaviano II, ad anatematizzare il Concilio di Calcedonia e rigettare il Tomo del papa di Roma, s. Leone Magno. I monofisiti non sopportavano che in Antiochia vi fosse un patriarca calcedonese.

I monaci monofisiti potevano essere al massimo un centinaio e la distanza di Antiochia da Harem non superava i sessanta chilometri. In tumulto e con estremo disordine s'erano riversati massicciamente su questa nostra città premendo su Flaviano perché anatematizzasse il Concilio di Calcedonia e il Tomo di Leone (Papa).

Cominciarono con le parole, da queste passarono alle grida e dalle grida ai bastoni.

---

[1] Peña, *Les Stylites*, 84. Il viaggiatore francese Brosset lo vide nel monastero di Dchqondid, dove aveva issato la colonna.

Il numero di monaci estranei all'episcopio, aveva già insospettito i fedeli vicini, e le grida li fecero accorrere in aiuto del loro vescovo. "*Vi furono dei morti tra i monofisiti, e i loro corpi*", dice Evagrio di Epifania, "*trovarono la tomba nei flutti dell'Oronte*"[2]. Vi fu di più: i monaci calcedonesi dell'Apamene seppero dell'accaduto e accorsero ad Antiochia per difendere il vescovo. Vennero anche essi alle mani e ai bastoni e vi furono altri morti tra i monofisiti[3].

Le autorità militari della città informarono subito l'imperatore Anastasio, il quale, senza alcuna inchiesta, gettò la colpa dei due eccidi su Flaviano, condannandolo alle dimissioni e all'esilio. Il vescovo fu, all'inizio, relegato in un monastero vicino alla città, e poi esiliato a Petra, in Giordania.

Chi mettere ad Antiochia come patriarca al posto di Flaviano? Il problema fu risolto senza difficoltà: l'unico monaco *degno, perché monofisita*, era Severo, il quale prese possesso della sede antiochena il 6 novembre del 512[4].

Una delle prime azioni di Severo fu la sostituzione del metropolita di Apamea, capoluogo della *Syria Secunda*, e in seguito furono sostituiti gli igumeni di quei monasteri dove spirava *aria calcedonese*.

Con l'elezione di Severo sembrò che i monofisiti avessero dimenticato quanto era avvenuto in Antiochia, ma in realtà Severo, insieme con Pietro, metropolita di Apamea, e gli igùmeni dei monasteri monofisiti, preparavano i loro monaci alla vendetta dei due eccidi di Antiochia.

Il metropolita Pietro, appena insediatosi ad Apamea, cominciò ad informare minutamente Severo sui movimenti dei monaci calcedonesi della sua metropoli, ed entrambi pensarono di arruolare civili isauri, barbari e ben addestrati alle lotte e ai furti. La data sarebbe stata fissata non appena fossero terminati i preparativi.

L'occasione per la vendetta del duplice eccidio di Antiochia si presentò nell'autunno del 517, quando un numero elevato di monaci maroniti della regione di Apamea decisero di andare in pellegrinaggio alla basilica di s. Simeone Stilita, dove avrebbero discusso, coi monaci di quel monastero, che cosa si poteva fare per ricomporre l'unità della chiesa in Siria.

La mattanza di Kefr Karmin

Secondo Daw, con la complicità dell'imperatore Anastasio il patriarca Severo di Antiochia e i monaci monofisiti dell'Antiochene prepararono, con astuzia e maestria, il luogo dell'attacco per vendicarsi degli eccidi del 512. I monaci monofisiti e i civili, isauri assoldati, vestiti anche essi con l'abito nero dei monaci, furono ospitati, per qualche giorno, nel monastero di Kefr Karmin e nei monasteri vicini, quali Athareb,

---

[2]   Evagrio, *Storia*. 179.
[3]   *Ibidem*, 179.
[4]   *Ibidem*, 179-183.

Il grande complesso basilicale eretto in onore di s. Simeone Stilita.

Ibbin e Batabo. A un segnale convenuto si radunarono tutti a Kefr Karmin, villaggio situato ai piedi del Jebel Serir e vicino alla strada romana che passava per quella zona. I monaci maroniti e i pellegrini civili dell'Apamene, per venire alla basilica di s. Simeone dovevano passare per quella strada che era la più corta.

Quale potrebbe essere stato il punto esatto della *mattanza*? I monaci maroniti erano ignari dell'agguato preparato dai monofisiti. Nessuno, quindi, pensò di fare una deviazione del tragitto o di rimandare il pellegrinaggio, oppure di rifornirsi di armi per la difesa. È probabile che l'attacco sia avvenuto a nord del punto più alto della strada che passava tra le rocce del Jebel Serir e l'altura pagana orientale. Questo tratto di terreno da alcuni anni è coltivato, mentre la parte meridionale è abbandonata e si presenta ancora senza erbe e senza arbusti, come tutte le strade romane, abbandonate da secoli, quali la strada che si vede a est del Tell di Knaye e quella che passava per Niaccaba, oggi Kefert 'Aqab, nel Jebel Wastani settentrionale. Vi fu una grande confusione e un fuggi fuggi generale per la campagna circostante. In questa maniera coloro che erano stati assaliti per primi, non potevano più tornare indietro per avvertire i gruppi che li seguivano. A lotta finita, si contarono sul terreno trecentocinquanta morti tra i monaci maroniti[5].

    [5] Daou, *Histoire*, 325. Nairon, *Essai*, IX: 13,14,15. Naaman, *Theodoret*, 157, 166, 167,168,172.

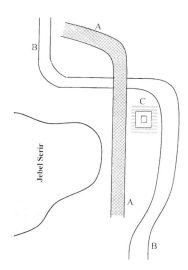
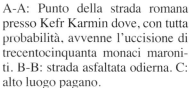

A-A: Punto della strada romana presso Kefr Karmin dove, con tutta probabilità, avvenne l'uccisione di trecentocinquanta monaci maroniti. B-B: strada asfaltata odierna. C: alto luogo pagano.

A. Ḥajjār

Quelli che arrivarono a Nikertai e quelli che il giorno dopo pensarono al trasporto delle salme e alla loro sepoltura nei rispettivi cimiteri, stilarono tre documenti. Il primo fu inviato a Roma, al papa Ormisda; il secondo, steso in occasione del primo anniversario di quegli avvenimenti, fu inviato ai vescovi della *Syria Secunda*; il terzo fu inviato al patriarca di Costantinopoli e al suo Sinodo. Non vi furono rappresaglie da parte dei parenti dei martiri, né interventi da parte delle autorità civili e militari di Antiochia. Senza dubbio quell'atto apparve agli occhi del popolo e dei monaci monofisiti una dimostrazione di forza e, nello stesso tempo, una sfida ai calcedonesi per l'avvenire.

Dai tre documenti appaiono particolari vergognosi: gli assalitori si portarono via, come prigionieri, alcuni monaci, altri furono spogliati del loro abito religioso e vestiti con abiti indecenti per esporli al ludibrio del popolo. Ma tutto questo non bastò! Dopo qualche giorno i *cosiddetti* monaci monofisiti (gli isauri) assalirono il monastero di Nikertai, che era il principale dell'Apamene, demolirono parte del muro di cinta e portarono via i viveri che trovarono nei depositi. Coronarono le loro nefandezze con l'uccisione di alcuni monaci.

Ma la gioia di quell'impresa non durò a lungo. Il 9 luglio 518, dieci mesi appena dopo la *mattanza* di Kefr Karmin, moriva il grande protettore dei monofisiti, l'imperatore Anastasio.

Gli successe Giustino I (518-525), il quale diede subito facoltà ai calcedonesi di riorganizzare la loro gerarchia[6].

A lui va il merito di aver dato ad Antiochia vescovi calcedonesi, privando, così, i monofisiti del primo patriarcato d'Oriente. Dal 518 in poi, i patriarchi monofisiti abitarono di preferenza, nel monastero di Mār Barsauma, a Dyarbakr e, poi, a Deyr Za'faran.

L'imperatore Giustino aggravò la situazione dei monofisiti nominando capo della sua guardia personale lo sciita Vitaliano, il quale, non sappiamo perché, era nemico di Severo, e aveva giurato, qualora l'avesse avuto nelle mani, di tagliargli la lingua. Severo che doveva conoscere bene la causa di quella inimicizia e il carattere barbaro di Vitaliano, decise di fuggire di notte da Antiochia, pigliando dal porto di Seleucia il primo mezzo di trasporto per l'Egitto. Morirà l'anno 538 nel monastero di Hoys, presso la foce del Nilo.

A Giustino, morto nel 525, successe il nipote Giustiniano, che era di fede calcedonese ed, essendo vacante la sede di Antiochia, nominò patriarca Efrem che, anni prima, era vissuto in quella città come *Comes Orientis*[7].

Era energico esponente della dottrina calcedonese e si mostrò deciso persecutore dei *monofisiti severiani*. Ordinò che i monaci che non accettavano la dottrina del Concilio di Calcedonia venissero senz'altro espulsi dai monasteri, fossero essi cenobiti o eremiti o stiliti. Riuscì anche a farsi consegnare dal governatore persiano di Nisibi il vescovo miafisita della città di Tella, che si era rifugiato in territorio persiano, e lo gettò in prigione.

Dopo alcuni anni di rigore, Giustiniano dovette rallentare le redini! La causa fu certamente per avere un po' di tranquillità nelle terre dell'impero, ma fu anche per politica. Il capo degli arabi Ghassànidi, al-Ḥārith (Areta, 528-569), cristiano monofisita, usò del suo prestigio politico e suggerì all'imperatrice Teodora di fare ordinare vescovo di Edessa il monaco Giacomo Baradeo, assai vicino a Teodosio, patriarca di Alessandria, e di permettere ai cinquecento monaci siriani ed esseni, che erano fuggiti nel deserto presso i Ghassànidi, di ritornare nei loro monasteri.

Quali furono i frutti spirituali che ricavarono Giustiniano ed Efrem dal loro rigore contro i monofisiti? Poco o nulla; certamente non quelli che si aspettavano. Il fallimento fu dovuto all'opera dell'imperatrice Teodora, la quale vegliava sul gruppo dei monaci e sul patriarca di Alessandria, esiliati a Costantinopoli. Fu essa ad assicurare loro, segretamente, la libertà necessaria per conservare in Siria, in Alessandria e nel deserto siriano e palestinese la fede anticalcedonese. Incitava tutti i monofisiti alla

---

[6]   Evagrio, *Storia*, 203, 206. Morto il vescovo Eufrasio nel terremoto che avvenne il settimo anno dell'impero di Giustino, fu eletto Paolo che era già stato *Comes Orientis* ad Antiochia. Fu probabilmente lui che fece scendere dalla colonna lo stilita che stava nel monastero settentrionale di Telanissos, sostituendolo con un monaco recluso, Vedi Peña, *Les Stylites*.

[7]   Evagrio, *Storia*, 205 dice che Giustino aveva dato ordine di arrestare Severo e tagliargli la lingua; ma l'ordine imperiale non fu eseguito.

resistenza, assicurando loro il vitto giornaliero a spese della corte imperiale. Tutto all'insaputa di Giustiniano.

Giacomo Baradeo ebbe la completa fiducia dai suoi superiori e potè radunare gli igumeni dei monasteri della Siria del nord e i monaci più influenti, per fare accettare la nomina di Paolo di Beit Ukkame a patriarca di Antiochia e fare scomunicare da tutti gli altri monaci siriani il monaco Giovanni Askizanès che andava predicando l'eresia triteistica. La riunione avvenne il 17 maggio dell'anno 567, a Batabo, il più grande monastero miafisita della Siria settentrionale. Probabilmente quel sinodo non diede i frutti che tutti si aspettavano e Giacomo Baradeo ne indisse un altro per il 3 gennaio dell'anno seguente; ma neanche con questo secondo sinodo potè eliminare le discordie interne. Allora, disgustato, volse la sua attività religiosa alla fondazione di monasteri e di comunità ecclesiastiche, per cui da quel tempo i monofisiti furono chiamati *Giacobiti*.

I tre atti finali della tragedia monofisita

La storia del monachesimo monofisita nella seconda metà del VI secolo potremmo chiamarla *tragedia*, e ciò a causa delle difficoltà politiche che incontrarono i capi delle tribù arabe cristiane al-Ḥārith V Ibn Jabala (528-569), al-Mundhir II (570-580) e an-Nuʿmān (580-582), e a causa della completa anarchia che ne seguì.

Base dell'accordo tra l'imperatore Giustiniano e al-Ḥārith, erano stati i sussidi che l'impero bizantino gli passava annualmente, a condizione che difendesse i confini dell'impero dagli attacchi dei Persiani, dalle aggressioni degli Arabi lakhmidi, loro alleati, e dalle razzie dei beduini del sud. Al-Ḥārith fu anche insignito del titolo di *Filarco* e nominato capo supremo di tutte le tribù dei Ghassànidi. Fu un alleato sincero dei Bizantini e non mancò di essere a fianco del famoso generale Belisario nei combattimenti contro i Persiani nel 531 e nel 541. Nel 559 fece una seconda visita a Giustiniano per informarlo che aveva eletto suo figlio al-Mundhir II come suo unico erede e capo supremo dei Ghassànidi[8].

Morto al-Ḥārith, Giustino rifiutò i sussidi ad al-Mundhir II per mancanza di un accordo bilaterale. Al-Mundhir ritenne ciò un'offesa e si vendicò devastando il territorio bizantino. Riconciliatosi dopo tre anni, venne a Costantinopoli e fu ricevuto con tutti gli onori. Riguardo, poi, ai sussidi annuali fu convenuto che l'imperatore gli pagasse i sussidi, come era stato fatto con suo padre, sempre, però, con l'obbligo di difendere i confini dell'impero sia dai Persiani sia dai capi arabi. Qualche anno dopo quest'accordo, al-Mundhir si trovò a dover combattere, accanto ai generali bizantini, contro i Persiani e contro i fratelli arabi làkhmidi. Ma prima dell'attacco fu appiccato il fuoco alle navi che dovevano trasbordare l'esercito bizantino sulla riva sinistra dell'Eufrate. Chi poteva essere stato l'informatore? I sospetti dei generali bizantini caddero subito

---

[8] Boulos, *Les peuples*, 343.

su al-Mundhir, il quale, catturato con astuzia, fu processato ed esiliato in Sicilia con la moglie e alcuni suoi figli[9].

Erede di al-Mundhir II fu il figlio an-Nu'mān (580-582) il quale non ricevendo i sussidi, sempre per mancanza dell'accordo diretto tra lui e l'imperatore, cominciò a fare come aveva fatto suo padre, a devastare, cioè, il territorio bizantino. Catturato nel deserto nel 582 e processato, gli fu imposta la residenza obbligata a Costantinopoli.[10]

Fu così che i Ghassànidi monofisiti rimasero privi di un capo supremo e, non riuscendo ad eleggerne uno, tutti agirono per proprio conto e si frazionarono in quindici gruppi con quindici capi. Ogni gruppo, allora, si scelse una sede e si divisero. Alcuni andarono con i Persiani, altri con i Bizantini.

Giovanni di Efeso, contemporaneo di quei tristi eventi, fa questa considerazione: "*Il Regno dei Tayaye* (arabi) *cristiani, per colpa dell'inganno dei Romani* (= bizantini) *ebbe fine e perì, e l'eresia cominciò ad apparire tra loro*". Giovanni di Efeso non lo dice espressamente, ma traspare bene, dalle sue parole, che nella mente dei monaci monofisiti vi era il desiderio di avere un principato arabo, indipendente dall'impero bizantino.

Più interessante e di grande interesse storico e ricco di particolari, è il testo di Bar Hebraeus, il quale evidenzia chiaramente il rammarico degli arabi e dei monaci monofisiti: "*La tribù più numerosa andò con i Persiani, mentre alcuni di loro andarono coi calcedonesi. Altri andarono ad abitare nelle città e nei villaggi di Sen'er , in Athor (= Assiria) e, in Siria, hanno conservato la loro ortodossia sino ad oggi, mentre altri andarono a Haditha, Hit, Beth Arbaye e Kuritim, che sono nella regione di Homs, di Nabk e altri siti*".

Tutta la speranza degli arabi cristiani in un futuro florido e monofisita, era riposta in un principe ghassànide, per liberarsi dall'intolleranza dei calcedonesi, patriarchi o imperatori che fossero.

In Siria ritornò la calma religiosa, ma solamente per pochi anni. Nel 636 avvenne l'occupazione totale della Siria, della Palestina e dell'Egitto da parte dei fratelli arabi del sud e il cristianesimo sarebbe sparito pian piano.

Il gruppo di maggiore consistenza cristiana che abitava nella regione di Tur 'Abdin, cominciò ad assottigliarsi e più tardi a emigrare verso le città siriane, (nella cosiddetta Jazira). E con l'emigrazione sarebbero svaniti pure i sentimenti religiosi e le velleità politiche. E qui ritorna tutta l'amarezza delle parole del patriarca Mīkhā'īl al-Kabīr, che i monofisiti hanno sempre portato nel cuore: "*Per noi non fu un vantaggio da poco essere liberati dalla crudeltà dei Rūm, dalla loro cattiveria, dal loro zelo crudele contro di noi, e di trovarci in pace!*".

[9]   Evagrio, *Storia*, 298 e n. 5. Boulos, *Les peuples*, 344.
[10] Evagrio, *Storia*, 298. Boulos, *Les peuples*, 344.

BENVENUTA, SORELLA MORTE!

Il Crisostomo, Teodoreto e altri autori ci narrano come vissero i monaci siriani, ma non ci raccontano come finirono i loro giorni. È certo che se potessimo leggere una buona parte dei manoscritti che sono gelosamente custoditi nelle grandi biblioteche d'Europa, d'America e nei monasteri dell'Alta Mesopotamia e dell'Irak, conosceremmo le circostanze della morte di quei santi uomini e l'insegnamento che ci danno di fronte al più grande evento della storia della nostra vita che ci apre le porte dell'eternità. Conosceremmo i luoghi della loro sepoltura e la venerazione che i nostri Padri tributarono loro, fino a quando circostanze belliche o sociali li costrinsero ad esulare dalle loro terre. L'umiltà e il nascondimento che caratterizzarono la vita dei monaci siriani si dovette riflettere, in maniera naturale, sulla preparazione al loro beato transito e al loro incontro con Cristo.

Purtroppo della morte di questo o di quel monaco, del loro sepolcro e delle loro spoglie non sappiamo quasi nulla. Dobbiamo essere, quindi, riconoscenti agli storici per quello che ci hanno tramandato, perché senza quel poco non sapremmo nulla della loro vita e ci sarebbero ignoti persino i loro nomi.

Dell'asceta egiziano Or, che visse a Scete ossia l'odierno wādī al-Naṭrūn, si raccontava che non aveva mai mentito, mai giurato e mai maledetto alcuno; poteva, quindi, presentarsi al Giudice di ogni vita con la coscienza tranquilla. In Egitto vi furono dei monaci che ebbero dal Signore il dono di conoscere il giorno e l'ora della loro morte e invitavano i fratelli ad assistere al loro transito.

Lo stesso non si può dire dei monaci dei quali parla Teodoreto: sono quasi indifferenti di fronte al tempo e alle circostanze di quell'evento. Sembra che nessuno di loro si sia preparato, diremmo noi, a fare una buona morte. In realtà essi, giorno dopo giorno, si preparavano all'incontro con il Signore, carichi di buone opere e con la testimonianza dei digiuni, delle veglie e delle catene che si trascinavano per i corridoi e per l'orto del monastero.

Senza fare paragoni tra monaco e monaco, nessuno più di s. Simeone Stilita ha sopportato il sonno, la fame e le ulcere alle gambe; eppure nessuno si è accorto della sua agonia e della sua morte avvenuta il 26 luglio 459. Più tardi, verso il 470, al tempo dell'imperatore Leone, le sue spoglie furono portate trionfalmente a Costantinopoli e tumulate nella chiesa degli Apostoli. Un migliaio d'anni dopo, il 29 maggio 1453 fu la barbarie degli uomini a bruciare e a disperdere le ossa del Santo, quando la capitale cadde in mano a Maometto II, il Conquistatore, che mise a ferro e fuoco ogni cosa. Non si salvò nulla. I difensori furono uccisi, le ragazze furono vendute e disperse negli harem, e gli edifici, sacri e profani, furono dati al fuoco.

È chiaro che quello che sa di terreno non conta nulla dinanzi al Signore e neppure deve contare dinanzi ai suoi discepoli.

Tra i settantasette monaci di cui parla Teodoreto nella *Storia di monaci siri*, solamente il monaco Acepsima, che camminava curvo sotto il peso delle catene e mangiava soltanto un po' di lenticchie bagnate con acqua, solo lui conobbe, per ispirazione divina, il giorno della sua morte ed ottenne dal Signore di morire senza dolori! Fu seppellito con la massima semplicità e il suo corpo fu messo in una tomba semplicissima[1].

Tra i monaci egiziani, invece, furono molti coloro ai quali il Signore rivelò il giorno della loro morte. Tra di essi abbiamo s. Antonio Abate, il padre del monachesimo egiziano, il quale predisse la sua morte tre giorni prima, e ordinò a due dei suoi discepoli di non rivelare a nessuno il luogo della sepoltura. È celebre santa Sincletica che, già colpita dal cancro che le portò via la vista e la parola, annunciò tre giorni prima la sua morte. È celebre, poi, il giovane Marco, che domandò al suo maestro Silvano di rimandare il suo viaggio in Siria di tre giorni; e dopo tre giorni volò in paradiso[2].

Nelle nostre ricerche sugli eremi e sui cenobi dell'Antiochene e delle regioni confinanti, abbiamo trovato centinaia di tombe, e nelle chiese centinaia di reliquiari. Tutto è vuoto. Ci siamo domandati a chi fossero appartenuti, perché furono abbandonati e in quali circostanze furono violati. Nessuno ci ha dato una risposta.

Da Teodoreto conosciamo le circostanze che accompagnarono la morte di s. Marone e, dalle ricerche fatte, sappiamo che fu seppellito nella cittadina popolosa di Brad, in una cappella absidata, adiacente alla cattedrale; non sappiamo, però, che fine abbiano fatto le sue spoglie. In circostanze a noi ignote sappiamo che il suo cranio fu trafugato e custodito nella cittadina di Foligno, in Italia. Dopo un migliaio d'anni, dietro richiesta dei monaci libanesi, esso fu riportato nel Libano, dove è ora custodito nella cappella privata del patriarca maronita.

A Bashakuh, nel Jebel Barisha, all'angolo sud-est del monastero, vi è la cella dove era vissuto un monaco, da eremita, e dove fu sepolto dopo morte. Come si chiamasse, per quanto tempo sia stato venerato dal popolo in quella cella, dove i monaci abbiano trasportato le sue spoglie e quando abbandonarono il monastero, non lo sappiamo. A noi sono rimaste solo le pareti di quella cella, ancora in piedi, il sarcofago nel quale era stato sepolto e un reliquiario dove i fedeli versavano l'olio in onore di un santo

---

[1]   Teodoreto, *Storia*, 197-199.
[2]   *Vita e Detti*, II, sotto voce *Silvano*.

Facciata della basilica di Nisibi, dove fu seppellito s. Giacomo.

Sepolcro di s. Giacomo, vescovo di Nisibi, nella cripta della basilica.

martire, prima di venerare il santo eremita[3].

Dei tre famosi monaci: Teodosio, fondatore di due cenobi a Rhosos, l'anacoreta Afraate e l'eremita Macedonio, sappiamo che furono sepolti nella tomba dei Martiri, nella chiesa di Antiochia. Sappiamo anche dalla storia che le loro ossa e quelle dei martiri, furono disperse quando, il 18 maggio 1268, il sultano mamelucco Baybars occupò la città e diede ordine di distruggere tutti gli edifici sacri.

Poche sono le tombe venerate in Siria. Conosciamo la tomba di s. Giacomo di Nisibi, il santo che fu prima eremita, poi vescovo di quella città. Non dubitiamo che quella sia la sua tomba, ma ci

[3]   Anticamente la venerazione dei martiri precedeva sempre la venerazione di un santo Confessore: monaco, eremita o anacoreta. Per questo veniva collocato accanto alla loro tomba un reliquiario contenente le reliquie di un martire. Quest'uso l'abbiamo trovato, dopo mille e cinquecento anni, a Brad, ai due lati della tomba di s. Marone; a Bashakuh, nel Jebel Barisha, accanto al sarcofago di un eremita ignoto, ritenuto santo dal popolo, e nel monastero di Deyr el-Gharbi, accanto alla tomba di tre monaci o eremiti, ritenuti anch'essi santi. I fedeli che venivano a venerarli versavano, prima, una boccetta di olio sul reliquiario del martire e poi pregavano il santo, monaco o eremita. Teodoreto narra che s.Teodosio, fondatore del monastero di Rhosos, l'anacoreta s. Afraate e l'eremita s. Macedonio furono seppelliti non nei sarcofagi ordinari, ma nelle tombe dei *vittoriosi* martiri, venerati nella chiesa di Antiochia. Cf Teodoreto, *Storia*, 173 e 192.

chiediamo: "Quella tomba non sarà stata mai violata in una delle tante incursioni che dovette subire la città di Nisibi da parte dei Persiani e, le ossa, saranno state conservate fino ad oggi?" Nella campagna siriana sono centinaia le tombe che si possono scorgere tra i ruderi delle cappelle funerarie nei monasteri abbandonati. Ad eccezione dell'eremita s. Mama, seppellito nel villaggio di Deyr Mama, a nord di Masyaf e di s. Elian eremita nella chiesa di Carratein, nella Siria centrale, non si conoscono altre tombe venerate. Si sono perduti i nomi di quasi tutti i monasteri e il tempo ha spazzato via il ricordo dei monaci e dei loro sepolcri.

A Tur ʿAbdin, nella cripta funeraria del monastero fondato da Mār Gabriele di Qartamin, vi sono una decina di tombe di patriarchi, ricoperte di stoffe di seta. Dopo tante incursioni e razzie alle quali andò soggetto quel monastero, chi può dirci che cosa ci sia dentro quelle tombe?

Il monaco defunto, che ogni giorno della sua vita aveva salmodiato e ogni notte aveva vegliato, facendo mille prostrazioni e martoriando il corpo con il digiuno, la sete e le fatiche, il monaco che aveva mangiato il Pane della Vita e aveva bevuto il Sangue del Redentore, ora è là ad attendere Cristo che manterrà la sua parola, lo farà sedere alla Tavola imbandita da Lui stesso e lo servirà.

I fratelli hanno già collocato il suo corpo su due tavole, sono tristi perché hanno perduto un compagno che li incoraggiava nella lotta, affinché uscissero vittoriosi dall'agone contro il nemico del Bene.

> O santisssima anima al cui transito
> i cittadini del cielo accorrono festanti,
> il coro degli angeli esulta di gioia
> e la Beata Trinità la invita dicendo:
> "Resta con noi, in eterno"[4].

Al suo apparire sulla soglia del paradiso accorrono gli arcangeli Michele e Gabriele, protettori della Chiesa siriana, e presentano quell'anima al Padre. I fratelli di Gesù sono lì: portano tutti il TAU sulla fronte. Non vi sarà più notte e non avranno più bisogno di luce di lampada, nè di luce di sole, perché l'Agnello li illuminerà.

Osannate, o Cieli! Il Padre ha trionfato sul male!

Ha trionfato sulla *bestia!*

---

[4]   Liturgia dei secondi Vespri della festa di s. Francesco d'Assisi.

Siamo eredi di una memoria

L'epopea monastica siriana, sommersa da una marea di odio e di recriminazioni, perdura da mille e cinquecento anni, ed è quasi passata nel regno dell'oblio e dell'ignoranza presso tutti i cristiani, occidentali e orientali.

Alcuni dicono che tra noi e i monaci orientali non esiste più alcun legame. In realtà il legame esiste ed esiste in forza dell'unico battesimo che abbiamo ricevuto, noi ed essi. Tutt'al più potremmo dire che quel legame non lo comprendiamo, e ciò a causa della nostra appartenenza a una cosiddetta società più evoluta, composta di un'era di corse di cavalli, di gare automobilistiche, di viaggi continentali e spaziali, e di tante e tante cose che ci allontanano dal Creatore e non ci aiutano a comprendere i meno abbienti. I monaci orientali, invece, appartengono a un mondo che potremmo dire scomparso.

Molti *sapienti* moderni vorrebbero suggerirci di pensare a cose più utili, per noi e per la nostra società. Dicono che "dopo tutto, gli eremiti e gli stiliti coi loro continui digiuni potrebbero essere stati dei semplici *nichilisti*".

La frase ci fu ripetuta qualche anno fa da due medici occidentali, mentre andavamo a visitare la grandiosa basilica di s. Simeone Stilita. Risposi loro che eravamo assai ignoranti, se ci accingevamo a visitare, con quell'idea, il capolavoro dell'architettura siriana.

I fautori del *nichilismo* dicono anche che i monaci siriani non giovarono né alla chiesa né alla società, anzi furono proprio essi i responsabili del crollo dell'impero bizantino e dello sfacelo religioso e sociale che ne seguì.

Non lo neghiamo! Basta dare uno sguardo all'Asia occidentale, all'Africa settentrionale e all'Europa meridionale, e vedere la linea ideale che va dal centro della Spagna alla Bulgaria, passando per la Sardegna, la Sicilia, la Calabria, le Puglie, l'Albania e la Grecia; ha diviso in due i popoli europei e ci insegna a valutare la differenza che si nota nei loro costumi.

Non possiamo negare il disastro, quasi cosmico, causato dalla politica dei monaci siriani all'impero bizantino. Il danno che hanno subito le generazioni passate, attuali e future, è incalcolabile!

Ma nonostante questi lati negativi, così gravi, i monaci siriani furono, sono e saranno nostri fratelli. Non dobbiamo dimenticare i loro meriti. Ci hanno portato la luce del Vangelo e della civiltà. Fu la terra antiochena a sentire, per la prima volta, che tutti siamo fratelli e che ognuno deve essere rispettato per la fratellanza che vi è tra lui e Cristo. Furono gli antiocheni a sentire, per primi, parole mai udite da nessuno né a Roma né in Atene: *vita eterna, amore, rispetto verso tutti*.

La loro terra divenne la Terra Benedetta che diede ai Padri dell'occidente la prima liturgia eucaristica; è anche la terra dei primi ricordi cristiani; conserva, infatti, le più antiche chiese: una del III secolo, molte del IV, del V e del VI, due del VII. Non basta questo per esprimere loro la nostra perenne riconoscenza?

Furono questi fratelli, monaci e civili, che ci lasciarono in eredità un numero incalcolabile di croci scolpite sui frontoni e sugli stipiti delle porte, e tracciarono migliaia di graffiti sulle pareti esterne dei *martyria*, in onore di coloro che morirono per Cristo. Li tracciarono anche sulle pareti dei *pandokeya* e degli eremi per ricordare ai posteri lo scopo di ogni pellegrinaggio[1]. Alcuni graffiti e sculture sono ordinari, altri inneggiano a Cristo. Non sono ricordi di turisti, ma testimonianze di pietà. Fa solo meraviglia il fatto che siano stati ignorati, e lo sono ancora, per ignoranza o cattiveria, dagli esploratori e dagli studiosi delle Antichità siriane. Nessuno, o quasi nessuno, ne parla!

Noi siamo gli eredi delle benedizioni dei *poveri* del Vangelo; siamo anche gli eredi della maledizione per i peccati dei padri, per gli edifici caduti o cadenti, dei quali nessu-

Graffiti di pellegrini sulla facciata orientale di una chiesa del J. Barisha.

---

[1] Questi simboli si possono ancora ammirare negli edifici pubblici: chiese, *pandokeya*, battisteri e *martyria*. Nelle chiese del V e VI secolo i simboli venivano scolpiti sul lintello degli ingressi, mentre i graffiti venivano tracciati sulla parete esterna corrispondente al *martyrion* delle chiese e degli oratori monastici.

no, diciamo "*nessuno*", si prende cura. Siamo eredi della *manna* nascosta nel libro della *Didaché*, nelle *Lettere* di s. Ignazio di Antiochia e nel messaggio evangelico proposto dal vescovo Teofilo al suo amico Autolico. Siamo anche, e dobbiamo batterci il petto, gli eredi degli omicidi commessi dai cristiani, in Antiochia, nel 512 e nel 517, sulla strada romana, presso Kefr Karmin.

Molti hanno abbandonato questa terra in cerca di lidi più ricchi, materialmente, ma anche più *lontani* da Dio. Sono andati in cerca di ciò che riguarda lo stomaco, non l'anima. Storditi dai discorsi degli interessati e degli affaristi, hanno emigrato verso popoli che, non conoscendo Cristo, non possono neanche essere orgogliosi del *Nome Cristiano*.

S. Giacomo, eremita, poi vescovo di Nisibi.

S. Efrem, diacono, che visse da eremita alcuni anni sulle montagne del Sinjar, presso Nisibi.

Avranno vantaggi da queste emigrazioni? Diciamo: "Sì!", ma i vantaggi saranno puramente materiali; vestiranno meglio e avranno più svaghi, ma perderanno la grazia dei sacramenti, i costumi, la lingua di Efrem e di Giacomo di Nisibi; e a causa delle leggi civili atee, perderanno l'obbedienza che i figli, per dovere di natura, devono avere verso i genitori. Nessuno di quegli emigrati avrà più il diritto di gloriarsi del vescovo Babila, il quale, la vigilia di Pasqua, tenne inchiodato all'ingresso della *domus-ecclesia* di Antiochia l'imperatore Filippo l'Arabo e i suoi pretoriani, finché non promise pubblicamente che avrebbe fatto penitenza per l'uccisione del suo predecessore.

Benedette voi, o torri di Tell 'Aqibrin e di Sarfud, che con la vostra luce fioca che passava attraverso le finestre, indicavate ai viaggiatori e ai commercianti *che vi erano altre vie per divenire ricchi!* Benedette voi, o colonne di stiliti, che ci insegnate ancora il valore della preghiera, dei digiuni e della predicazione!

Ora, tacciono i monasteri, divenuti mucchi di terra; tacciono gli eremi ricoperti da coltri di polvere; tacciono anche le case diroccate di Qartamin, dove nacque Mār Gabriele.

I monaci siriani sono nostri fratelli. Saremo tanto stolti da dimenticare i loro meriti? Dimenticheremo che a Lovanio conservano le più significative opere greche che erano state tradotte nella loro lingua, perché fossero conosciute dal mondo orientale? Dimenticheremo che quelle stesse opere furono tradotte in arabo, nei primi secoli dell'egira, su richiesta dei principi musulmani? Forse i più non sanno che il monaco siriano Rabbula del monastero di Magharat ez-Zagh o Zaghab, ha lasciato le *Ammonizioni* ai monaci orientali e occidentali. Forse neppure sanno che Isacco di Antiochia ci ha lasciato bellissime considerazioni sulla perfezione cristiana, e che san Giovanni Damasceno subì l'amputazione della mano destra perché aveva osato compilare un'opera in difesa delle icone, noncurante degli ordini dei principi bizantini e musulmani, i quali avevano interdetto la riproduzione delle immagini sacre[2].

I più ignorano che il monachesimo libanese ha avuto origine da quello siriano e ch'esso fa onore alla Chiesa cattolica per la vita eremitica, ancora florida, e per l'alto livello di cultura. Ecco quel che dice Jules Leroy, il grande conoscitore della storia del monachesimo siriano: "*È dalla Siria che si è sparso in tutto l'Oriente, vicino al Mediterraneo, l'istituzione monastica. Siriano è pure colui che l'ha introdotta nel Libano dove essa prospera, mentre è praticamente abbandonata nel paese che l'ha vista nascere*"[3].

Senza i suggerimenti dei monaci siriani non avremmo ammirato i mosaici del duomo di s. Marco a Venezia e del Duomo di Monreale in Sicilia... Chi ha voluto, sull'imposta dell'arco trionfale di queste due basiliche, le figure di s. Alipio e di s. Daniele, entrambi stiliti, accanto all'immagine di s. Simeone? Chi ha fatto affrescare i muri della cappella di Picciano, presso Matera, in Basilicata, con l'effige di s. Simeone Stilita ?

Per l'architettura, così scrive Mattern: "*Au VI siècle c'est le plein développement du style syrien dans le plan d'abord (Rouweiha, Tourmanin, Qalb Lozé, S. Siméon), ensuite, et surtout, dans les motifs de décoration. Le plan basilical n'en est pas modifié; jamais il n'y a plus de trois nefs; jamais d'ordinaire des tribunes*"[4].

---

[2]   Il ricordo di s. Giovanni Damasceno è ancora vivo in tutte le regioni dell'Oriente. Esistono anche riproduzioni che raffigurano il Santo con la mano destra amputata.

[3]   Cf. Leroy, *Les manuscrits*, in Daou, *Histoire*, 452.

[4]   Mattern, *A Travers*, 169.

Non v'è dubbio che i *dotti* europei soffrono di amnesia riguardo al passato monastico siriano, mentre i semplici contadini musulmani di Duweyr el-Akrad (Giser esh-Shoghur) ci ricordavano, il 7 agosto 2007, che anticamente i monaci avevano un monastero nel loro villaggio dell'Antiochene meridionale. Anche i contadini di Marrani, villaggio vicino a Duweyr el-Akrad, ci hanno detto che, secoli fa, nel loro villaggio vi era un monastero di monaci *maroniti*; che il loro superiore si chiamava Yuhanna Marun, morto presso il luogo dove ora sorge la moschea della vicina Sarmaniye.

Anche i contadini di Hish, nel maggio del 2002, ci raccontarono che presso il loro villaggio, situato a dieci chilometri a sud di Ma'arrat en-Nooman, vi era anticamente un monastero sontuoso (ora totalmente distrutto) che si chiamava *Mayrun,* parola deformata, con la quale gli abitanti indicano i monaci maroniti[5].

Non posssiamo neanche dimenticare la tradizione raccolta da Mattern in *Villes Mortes*: s. Genoveffa aveva sentito parlare di s. Simeone e, per mezzo dei pellegrini che andavano a visitare i Luoghi santi di Palestina, passando per la Siria, gli mandava i suoi saluti. Nel nord della Francia vi sono cittadine che ancora portano l'antico nome di Simeone; è degna, poi, di ricordo la devozione di quei romani che appendevano l'immagine di s. Simeone sui muri delle loro botteghc.

La fiducia dei cristiani nei monaci stiliti era grande: nel monastero di Brad sudovest, facevano battezzare i loro figli presso la colonna, dando loro il nome di Simeone. Lo testimonia il fonte battesimale, riscoperto anni fa dai tombaroli.

La penitenza, poi, di san Simeone fu di esempio a centinaia di uomini che vollero imitarlo, vivendo anch'essi sulla colonna.

Con la distruzione della basilica di s. Simeone e del monastero annesso, finirono i pellegrinaggi, ma non finì la glorificazione del monachesimo siriano, perché subentrarono donne pie e coraggiose, dell'islam e del cristianesimo, che non potendo avere figli, per debolezza di natura, fecero ricorso all'intercessione del Santo: da Aleppo, digiune e, a piedi scalzi, si recavano presso la colonna di s. Simeone e staccavano schegge che, ridotte in polvere, mescolavano con l'acqua attinta dal pozzo che si vede presso la base della colonna, e la bevevano, invocando la misericordia di Dio e l'intercessione del Santo.

La devozione a s. Simeone, divenuto ormai simbolo del cristianesimo orientale e del monachesimo siriano, si arrestò un po' di tempo, ma nel 1516, in seguito all'occupazione della Siria da parte degli Ottomani, vi fu un certo risveglio nella devozione verso il Santo. Ai devoti subentrarono commercianti, viaggiatori, curiosi e monaci occidentali. Tra questi ultimi vogliamo ricordare il superiore della comunità francescana di Aleppo, P. Mariano Morone, il quale, nel 1649, prima di lasciare la Siria per tornare in Italia, volle visitare la colonna di s. Simeone, facendo una devia-

---

[5] *Pellegrinaggio dei Cristiani di Aleppo in ricordo di s. Simeone: 491-1991*, (in arabo); Commissione Vescovile di Aleppo.

zione poco dopo il villaggio di Hezre. Ecco quanto dice nel suo libro *La Terra Santa nuovamente Illustrata*: "*Menò* [S.Simeone] *una vita più ammirabile che imitabile, lungi da Aleppo circa otto leghe. Questi sopra di una colonna, si accommodò una gabbia, entro la quale habitò molti anni all'aria, e con tanto disagio, che manco poteva coricarsi, dal qual'esempio mossi li Principi, dopo la di lui morte fabbricarono sopra la colonna medesima, una chiesa grandissima tutta di vivo, con cornici e colonnate a pittura e oro, lunga passi avanti 122 e larga 45 once, nel cui mezzo rimase la colonna del Santo*"[6].

Oltre la devozione popolare abbiamo la letteratura araba che ci ha conservato molti ricordi riguardanti i reclusi delle torri, o gli stiliti sulla colonna.

Durante il regno di Giustiniano, il poeta arabo cristiano Imru' al-Qays viaggiava verso Costantinopoli, per perorare la propria causa contro i suoi parenti che volevano privarlo dell'eredità. Nel lungo viaggio attraversò strade dalle quali si potevano ammirare le torri degli eremiti, illuminate, durante la notte, da lampade ad olio. Quello spettacolo umilissimo riportava la fantasia del poeta alla sua tenda e alle veglie serali del deserto.

Diamo ai lettori la traduzione di alcuni suoi versi nostalgici.

"*Oh! Come brillano gli occhi*
della mia diletta !
simili sono a quella lampada
che il monaco, vergine, sempre
la notte accende, e prega".

Coloro che per curiosità salivano sulla montagna per vedere la colonna di s. Simeone erano sempre pochi, i pellegrini meno ancora, e ciò per paura dei pirati durante il viaggio in nave. Bisognerà aspettare gli epigrafisti e gli archeologi e gli esploratori dell'Ottocento, tra i quali merita di essere ricordato il pioniere De Vogüé. Nel 1888 verranno Jullien e Sollerin e nel 1895 Van Berchem, del Centro di Studi Francese del Cairo. Nel 1899 fu il turno della Missione Archeologica Americana e dal 1928-1930 sarà Mattern. Ultimi saranno, nel 1936, Lassus e Tchalenko, incaricato ufficialmente, quest'ultimo, dall'IFAPO di Beirut.

Concludiamo con l'atto più recente in onore di s. Simeone: il pellegrinaggio compiuto nel 1990 dai vescovi cattolici e ortodossi di Aleppo, dai protestanti e da circa quattromila fedeli aleppini, in occasione della ricorrenza del quindicesimo Centenario della costruzione della basilica.

Anche il municipio di Aleppo volle onorare quel centenario con la dedica a s. Simeone di una strada del quartiere cristiano di Suleymanye. È un atto, quest'ultimo, che ci ricorda che noi siamo ancora gli eredi dei monaci siriani.

---

[6]   Mariano Morone, *Terra Santa*, 402. Vedi pure Ḥajjar, *La Chiesa*, 15 (in arabo).

Monastero sud-ovest di Brad (J. Sim´an settentrionale): il fonte battesimale. Foto P. Castellana.

UTOPIA? NO! SPERANZA!!!

Guariscono facilmente le ferite del corpo, mentre le malattie dello spirito, oltre la medicina, richiedono tempi lunghi quanto una vita, per acquistare la disposizione d'animo necessaria per un dialogo che provenga da un cuore umile.

Sono passati oramai mille e cinquecento anni dal Concilio di Calcedonia; abbiamo predicato il Vangelo ai barbari e l'hanno accettato; è stato celebrato il Concilio Vaticano II, dal quale sono stati inaugurati nuovi modi di predicazione e nuove maniere di viverlo.

Le lacerazioni sanguinano, è vero; ma la nostra speranza è fondata sulla parola di Cristo. Non vediamo una via d'uscita.

Uomini di poca fede!

Tutti adorano il Padre, tutti onorano la Croce, tutti confessano l'Unico Spirito.

Ma la realtà ha una fisionomia totalmente diversa.

Quanti pastori può avere un gregge? Come sarebbe bello professare col cuore le parole della bocca! In certe circostanze ci si invita e preghiamo assieme.

Il battesimo o è unico per tutti, perchè Cristo lo ha istituito una sola volta, o non lo è. Ma non basta dirlo. Per essere sinceri bisogna provarlo. Le voci sono corali, ma le intenzioni sono multiple: ognuno pensa a se stesso e prega per la prosperità dei suoi. Allora, l'onore di appartenere al gregge di Cristo è solo di pochi? È in gioco la fede degli altri. Il Vangelo non è stato mai cambiato.

Anche la s. Messa non è stata mai cambiata.

"Ma... voi dite la messa come noi!", esclamò, meravigliato, un sacerdote copto nel 1973, dopo avere assistito, per la prima volta, alla s. Messa in rito latino, nella nostra chiesa di Latakia.

In Aleppo vi sono dieci chiese e nove vescovi!!!

Chi può dirci a quale Chiesa dobbiamo chiedere il battesimo per salvarci?

La preghiera di ciascuna di queste chiese è davvero la preghiera della chiesa di Cristo?

E così ognuno resta dove è, e fa quello che faceva il giorno avanti. E Cristo aspetta da duemila anni l'unico ovile. Ma fino a quando? Ognuno *quae sua sunt quaerit*.

Signore, quando verrà il Tuo regno? Quando verrà quel sacerdote che ci deve battezzare, o ribattezzare, affinché possiamo anche noi entrare nel Regno dei Cieli?

Gli apostoli dissero a Gesù, poco prima dell'Ascensione: "Signore, quando verrà il Regno di Israele ?

E Gesù rispose: "A voi non è dato conoscere *quae Pater posuit in sua potestate!*"

TUTTI dicono di lavorare per l'unica chiesa.

TUTTI battezzano nel nome del Padre e del Figlio e dello Spirito Santo.

TUTTI continuano a celebrare la messa dell'Ultima Cena.

SIGNORE! Almeno potresti dirci dove andremo a finire?

UN BRUTTO SOGNO!

L'arco trionfale che indicava l'inizio della Via sacra dei pellegrini.

Una notte sognai di essere sul balcone del battistero di s. Simeone Stilita, che domina il villaggio di Telanissos e la *Via sacra,* indicata da una maestosa arcata, ora semidistrutta.

Mi sembrava di vedere una lunga fila di pellegrini con le torce in mano: in realtà erano scheletri che camminavano a mala pena e portavano torce spente. Incuriosito, andai incontro a quello strano corteo. Erano brutti! Non volli parlare con loro.

Passai l'arcata della *Via sacra* per vedere le antiche botteghe, dove i piccoli mercanti, in un passato glorioso, vendevano ai pellegrini torce, cera, boccette d'olio ed eulogie in terracotta con l'immagine del santo Stilita. Non vidi venditori nelle botteghe.

Gli stipiti delle porte e la volta erano caduti e, all'interno, per terra, vi era una grande confusione di oggetti e un gran numero di ratti.

Mi feci subito il segno della Croce: i ratti portavano il marchio del *demonio della discordia.*

Dunque… la maledizione di Dio era scesa sugli abitanti di Telanissos, sulle loro case e su tutti gli oggetti che possedevano!!!

Eremi e monasteri dell'Antiochene

1-Telanissos 1. È il villaggio chiamato oggi *Deyr Sim'an* in onore di s. Simeone Stilita, che visse qui, come eremita, per tre anni, sotto la direzione di un superiore. In seguito un certo Bassus vi fondò un monastero dove vivevano più di duecento monaci, che conducevano vita contemplativa.

2-Telanissos 2. Nella zona s-o del villaggio di Deyr Sim'an, vi sono i resti di un monastero che risale al VI secolo. Conserva quasi intatta la chiesa, a navata unica, e parte degli edifici monastici.

3-Telanissos 3. È il monastero che, secondo gli archeologi, risale agli anni 490 quando, terminati i lavori della basilica e del monastero di Qal'at Sim'an, il cantiere si trasferì nel villaggio di Deyr Sim'an.

4-Telanissos 4. A una cinquantina di metri, a ovest della basilica monastica di Telanissos 2, si vede un'edicola costruita sulla base di una colonna, che fu abbattuta, probabilmente, perché lo stilita era monofisita. Dell'edicola rimangono solamente i lati orientale e meridionale.

5-Telanissos 5. Gli edifici che stanno a sud della Via sacra comprendono: l'oratorio, i locali monastici e la camera funeraria. Butler non riconobbe il monastero pur asserendo l'esistenza di una cappella incorporata al *pandokeyon*. Verso gli anni Settanta del secolo scorso una persona si appropriò dell'edificio e fece della camera mortuaria un *santuario*.

6-Teleda 1. Era il monastero principale della Siria settentrionale, fondato da Ammiano e da Eusebio. Era situato a poco più di 500 m. a est del villaggio omonimo e costruito nel IV secolo sulle prime pendici del Corifeo o Jebel Sheikh Barakat. I resti architettonici che si vedono attualmente tra le boscaglie della montagna sono posteriori alla costruzione primitiva.

Il monaco Ammiano aveva scelto questo sito per viverci da eremita, ma un giorno si vide attorniato da giovani che volevano praticare, come lui, la vita ascetica. Ammiano, sentendosi incapace di guidarli, si rivolse all'eremita Eusebio, che viveva nell'eremo di Turmanin, lasciatogli dallo zio Mariano. Sulle prime Eusebio rifiutò l'incarico propostogli da Ammiano, ma poi accettò e andò a servire Dio nell'eremo di Teleda. Sino alla riconquista della Siria occidentale da parte dei bizantini, Teleda fu il monastero pilota dei monaci miafisiti.

7-Teleda 2. Fu fondato da Eusebonas e da Abibion con la benedizione di Ammiano ed Eusebio. Fu il monastero dove, verso la fine del Trecento, fu accolto il giovane Simeone, il futuro Protostilita. Sino a pochi anni fa si potevano vedere una torre, costruita in un periodo tardivo, l'abside della chiesa e, nel sottosuolo dei locali residenziali, i sarcofagi dei primi superiori. Il monastero è conosciuto col nome di Burj es-Seb'.

8-Teleda 3. Il monaco Abraham del monastero di Teleda 1 ebbe il permesso dal suo superiore di vivere su una colonna, di fronte al bivio che si immette nella strada che unisce Turmanin a Daret 'Azze. Nel 936 era sulla colonna quando lo vide il monaco Giovanni, che veniva dalla *Montagna Nera*, presso Antiochia, diretto al monastero di Teleda 1 per essere consacrato vescovo e patriarca della Chiesa giacobita (= monofisita). Una breve conversazione tra il monaco Giovanni e lo stilita Abraham bastò per far nascere la stima vicendevole. La domenica, dopo la consacrazione episcopale, Giovanni fece venire lo stilita Abraham e lo consacrò vescovo di Edessa. Verso gli anni Settanta del secolo scorso abbiamo ritrovato la mandra dove era issata la colonna dello stilita, la cisterna, scavata nella roccia a qualche metro dalla mandra, e il canaletto per l'adduzione dell'acqua piovana. Attualmente restano il troncone superiore della colonna, tra gli ulivi presso il bivio del villaggio di Teleda, a una distanza di circa cento metri a nord-ovest dal luogo primitivo, dove era issata la colonna dello stilita, e due tronconi dei quali si è appropriato un contadino che li ha messi uno sopra l'altro per sistemarvi sopra, ci disse lui, una gabbia di piccioni!

JEBEL SIM'AN EST

9-Baziher. Baziher possiede una basilica con muri a doppia parete e le porte a sud senza croci, o simboli, e senza sagome. Appartiene, quindi, al IV secolo. Attualmente parte degli stipiti della parete ovest possiede la sagoma del V secolo; è chiaro, quindi, che un terremoto distrusse la basilica e i fedeli la ricostruirono su canoni architettonici più recenti. Un probabile monastero potrebbe trovarsi sotto la striscia di terra che comincia dal battistero, a est, continua verso sud e finisce a ovest.

A sud-est delle rovine vi è un tempietto siriano che porta la scritta KAY CY, e all'angolo nord-ovest del terreno, appartenente al tempietto, vi è una cisterna con tre orifizi simbolici. Altri due tempietti pagani si trovano, ben conservati, a sud dell'ingresso al tempietto principale.

Dopo Butler nessun archeologo è passato per le rovine di Baziher.

10-Turmanin. Si pensa che l'eremo primitivo sia quello fondato da Mariano, zio di Eusebio. Nel secolo VI furono costruiti la basilica, con due torri sulla facciata ovest, il monastero e l'ospizio dei pellegrini.

Questi ultimi edifici conservano l'ossatura, mentre la basilica fu smantellata tra gli anni 1865-1890. Vogüé arrivò in tempo a farsi disegnare la chiesa dal suo architetto. Nel 1892 era già smantellata quando Van Berchem passò espressamente per Turmanin al fine di vedere la basilica con le due torri.

11-Kfeyr Daret 'Azze. Le rovine si trovano sull'altura che sovrasta il villaggio di Daret 'Azze da est. Le rovine, bene o male, si sono conservate tutte: il *bema* (pagano) sulla sommità, a nord delle rovine; le fondazioni della chiesa;, il *bema* di fronte al presbiterio e i reliquiari. Anche il villaggio è rimasto come lo avevano lasciato gli abitanti dopo il terremoto.

La chiesa monastica del VI secolo e il piccolo monastero hanno subito dei danni.

12-Burjke. A nord-ovest della cappella del VI secolo vi è la torre di un monaco recluso. Fu fortificata nei secoli X-XI, utilizzando blocchi di costruzioni vicine, tra i quali anche un reliquiario.

13-Banastur 1. Vi sono i ruderi di un piccolo monastero e di un ospizio per i pellegrini nel settore occidentale delle rovine.

14-Banastur 2. Vi è anche una torre, molto ben conservata, dove viveva un monaco recluso. Parlando della torre di Banastur Butler, descrivendo il sito, dice che le torri servivano per i monaci che desideravano vivere da reclusi.

15-Burj Heydar 1. A sud-est delle rovine del villaggio vi sono i resti di un piccolo monastero, chiamato dai curdi *Deyr el-Cavan*, cioè *il monastero dell'arco*, nome che proviene dall'arco del *martyrion*, ancora ben conservato. Il monastero possiede solo alcuni ricorsi delle pareti delle celle.

16-Borj Heydar 2. All'angolo sud-ovest del cortile di *Deyr el-Cavan* vi è una torretta dove un cenobita del monastero viveva da recluso. Oggigiorno l'accesso al *martyrion* e alla torretta è reso difficile perché la proprietà, dove sorgeva il monastero, è diventata proprietà privata.

17-Burj Heydar 3. A un centinaio di metri a sud della basilica del IV secolo vi sono una cappella e un monastero con poche celle sul lato nord, le cui pietre da qualche anno sono utilizzate per costruzioni moderne.

18-Burj Heydar 4. A ovest della stessa basilica del IV secolo si nota una camera rettangolare, che possiede delle nicchie sulla parete orientale interna. A poco più di un metro da questa parete vi è un muro che separa il luogo della preghiera dal resto della camera. Tutti gli studiosi sono concordi nel dire che la camera fosse l'abitazione di un anacoreta.

19-Burj Heydar 5. A nord-ovest della stessa basilica del IV sec. vi è una torre a diversi piani, dove viveva un monaco recluso. La parete meridionale esterna porta delle croci graffite. Con tutta probabilità il recluso dipendeva dalla comunità del vicino monastero.

20-Burj Heydar 6. A circa cinquanta metri a ovest della suddetta torre vi è un terzo monastero col presbiterio sporgente e illuminato da una finestra con fori circolari, disposti a croce. Il piccolo cenobio fu costruito sul lato nord della chiesetta. L'ingresso era a nord del monastero e il portinaio dormiva in una piccola camera (ora distrutta). Il sottosuolo della chiesa fu adibito a camera funeraria.

21-Burj el-Qaz 1. A nord-est di Qal'at Kalota, all'estremità meridionale delle rovine del villaggio, vi sono i resti, quasi spariti, di un monastero.

22-Burj el-Qaz 2. Il monastero di questo villaggio aveva una torretta per un monaco recluso e conserva ancora il pianterreno.

23-Kharab Shams. Sulla spianata della collina che è a nord della basilica del IV-V

Eremo di Kharab Shams (J. Sim'an orientale): coperchio del sepolcro del superiore. Foto B. Zaza.

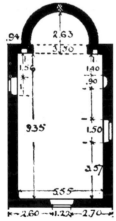

Pianta della cappella di Kharab Shams (Butler).

Kharab Chams (J. Sim'an orientale). Abside della cappella dove gli eremiti si ritiravano per le veglie notturne. Foto I. Peña.

secolo vi era un eremo per due o tre monaci, che per le loro preghiere comunitarie potevano usufruire della cappella, costruita alcuni metri a sud dell'eremo.

24-Sheikh Suleiman 1. La basilica del V secolo, dedicata alla Madonna, secondo un'iscrizione scolpita sul lintello della porta nord della basilica, era stata affidata ad alcuni monaci che abitavano nel piccolo edificio costruito a nove metri a ovest del porticato della basilica. I pilastri che sostengono la veranda del monastero portano *anelli sacri pagani*, attualmente rovinati, eccetto quello del pilastro sud. Questi anelli confermano che il simbolo, al quale alludevano, era in uso anche presso i cristiani del V secolo.

25-Sheikh Suleiman 2. Sul *diakonikon* vi è una cella che si presume fosse abitata da un monaco recluso.

26- Sheikh Suleiman 3. A circa sessanta metri a nord della basilica centrale, vi è una torre dalle pareti lesionate e a diversi piani. Pensiamo che fosse abitata da monache.

JEBEL SIM'AN NORD

27-Qurzahel 1. In questo villaggio, situato ai limiti orientali della pianura di 'Afrin, vi era un monastero rinomato, nel secolo X, per la vita esemplare che conducevano i monaci.

28-Qurzahel 2. Il 21 aprile 910 e il 16 luglio 954, due monaci di questo monastero che praticavano la stasi sulla colonna, furono eletti patriarchi della Chiesa siriana giacobita (monofisita). Il primo prese il nome di Giovanni IV e morì l'ultimo sabato del mese di novembre dell'anno 922. Il secondo, Giovanni VI, morì il 31 del mese di gennaio dell'anno 957.

29-Jubenli. A poco più di cento metri a sud della basilica del IV secolo, si nota una cappella monastica. I ruderi del monastero, di piccole dimensioni, si trovano a est della cappella, oltre il muretto che è accanto alla strada.

30-Deyr Mishmish 1. Del complesso monastico del V o del VI secolo non rimangono che la cappella diroccata e, a ovest di questa, i ruderi del monastero.

31-Deyr Mishmish 2. Tra i monaci di questo monastero vi era un recluso che abitava nella torretta che si vede alcuni metri a sud del mausoleo romano.

32-Brad 1. A sud-ovest delle rovine dell'antica città di Brad, sul pendio di una collina, vi sono le rovine di un monastero. Solo la cappella e l'ospizio dei pellegrini conservano l'ossatura della costruzione; gli altri locali monastici, invece, sono molto rovinati.

Ospizio dei pellegrini del monastero sud-ovest di Brad (J. Sim'an settentrionale). Foto P. Castellana.

33- Brad 2. Ad alcune decine di metri dalla camera funeraria del monastero di Brad vi è la torre, ben conservata, dove viveva un monaco recluso.

34- Brad 3. Oltre al monaco recluso, il monastero di Brad aveva anche un monaco stilita. La base, lesionata dal peso della colonna, si può vedere a una ventina di metri a sud della torre. A est della base della stessa colonna vi è un piccolo edificio, del quale resta in piedi solamente parte della parete orientale. Nel 1972, qualche mese dopo la nostra prima visita al sito, fu estratto, dai ruderi dell'edificio, un *fonte battesimale*. L'edificio, dunque, non era altro che un battistero, oppure una cappella dove era stato seppellito lo stilita. Cade, così, la supposizione di Butler e degli altri archeologi che asserivano che le due pietre dell'edificio potevano essere una parte di un meccanismo per l'estrazione dell'olio.

Cappella del monastero sud-ovest di Brad. Foto P. Castellana.

Brad: torre per un monaco recluso e base della colonna del monaco stilita. Foto P. Castellana.

Monastero sud-ovest di Brad (J. Sim'an settentrionale): il fonte battesimale. Foto P. Castellana.

Resti del battistero nel monastero sud-ovest di Brad, dove venivano battezzati i bambini per voto fatto. Foto P. Castellana.

35-Soghana. A un chilometro a ovest del villaggio di Soghana e a circa quattrocento metri a nord dalla strada asfaltata che porta a Kimar, si vedono due locali monastici: la cappella e una torretta per recluso.

36-Kimar 1. Vi era un piccolo monastero composto del pianterreno e di un piano superiore. Il sottosuolo era adibito a camera funeraria.

37-Kimar 2. Al limite sud delle rovine si vedono l'abside di una chiesa e i tronconi di una colonna che, dopo quella di s. Simeone Stilita, era la più alta che si conosca. Lo stilita è ignoto.

38-Monastero ignoto. Di questo monastero non abbiamo altre fonti che lo storico arabo al-Balāzurī. L'Autore ci informa in maniera imprecisa che il superiore di un *monastero* della regione di Cirro, nel 636 o poco dopo, incontrò il capo dell'esercito arabo Abū 'Ubayda Ibn al-Jarrāḥ a nord di Aleppo, tra il villaggio di Jibrin e Tell A'zaz, per trattare della resa dei cristiani di quella zona.

JEBEL SIM'AN OVEST

39-Refade 1. Possiede una grande torre che ha perduto la parete sud. Pensiamo che fosse una torre per monache recluse. Tchalenko la ritiene una torre di osservazione. Inoltre dice che a Refade non vi è la chiesa. La chiesa esiste e si trova a circa ottanta metri a est della torre.

40-Rafade 2-3. Accanto alle rovine della chiesa vi sono due locali per reclusi. Probabilmente furono costruiti accanto alla chiesa affinché i monaci reclusi potessero andarvi direttamente, per le veglie notturne.

41-Sitt er-Rum. Era un monastero di piccole dimensioni che ha conservato lo scheletro del porticato e della galleria. La cappella, costruita sul lato nord del porticato, si trova in uno stato passabile.

42-Kefr Hawwar 4. Vi sono quattro torri per reclusi, ai quattro angoli delle rovine dell'antico sito. Che queste torri non fossero per difesa lo dice chiaramente Butler.

43-Kefr Hawwar 5. Un quinto eremo con alcune celle diroccate si vede sulla collina che è a sud-est di Kefr Hawwar.

44-Serjible 1. Vi sono un piccolo monastero, messo sossopra nel corso dei secoli, e una cappella mal conservata.

45-Serjible 2. A qualche metro a sud della cappella monastica vi è una torre a diversi piani, che possiede la porta e la "spia" sulla facciata orientale mentre i servizi igienici sono su quella occidentale.

46-Sergible 3. All'estremo sud delle rovine della cittadina vi era un monastero, di medie dimensioni, chiamato dalla gente *es-Sirir*.

47-Moghor el-Mal'ab. Così è chiamato un tempietto pagano rupestre, situato a ovest di Qal'at Sim'an; è composto di due sale quadrate e una sala auricolare semicircolare. I monaci che occuparono il tempio vi aggiunsero una cappella funeraria dove i pellegrini han tracciato un centinaio di graffiti.

Moghor el-Mal'ab, tempio pagano divenuto eremo siriano.

48-Qasr el-Banat 1. È il monastero che abbiamo già ricordato. Fu costruito poco prima del 420 dall'architetto Markianos Kyris, in una grande conca dominata per tre parti da colline. Sul lato sud vi passava la strada romana che univa Antiochia a Chalcis. Il sito è ricordato nei documenti dell'undicesimo secolo a.C. col nome di *Durbaniti,* che la gente del luogo ha tradotto malamente con *Castello delle Vergini* invece di *santuario di be-Anat.* Anat era la compagna di Ba'al.

49-Qasr el-Banat 2. Nel cortile vi è una torre alta ventun metri, a sei piani, riservati a una colonia di monaci reclusi e ai loro discepoli.

50-Shih ed-Deyr 1. Possiede un eremo che da est domina la pianura del 'Amq; aveva una cappella, ora tutta rovinata, e la *via sacra* che conduceva al monastero.

51-Shih ed-Deyr 2. È il complesso monastico, chiamato dai curdi della zona *Bardhan.* Vi si nota il recinto del monastero a nord e a est, dove vi era la porta d'ingresso per coloro che venivano da Qal'at Sim'an. La chiesa è mal conservata e a ovest vi è parte dell'edificio monastico, il cui sottosuolo fu adibito a cappella funeraria, che ancora conserva qualche sarcofago.

52-Zerzita 1. Da alcuni anni le rovine dell'antico villaggio sono state occupate da famiglie di Daret 'Azze e ha perduto la sua fisionomia antica. L'unico edificio conservato è una torretta il cui pianterreno conserva un baldacchino in muratura. A pochi metri a est della torretta, vi era il monastero che, ora, è completamente raso al suolo.

53-Zerzita 2. A duecento metri a nord delle rovine vi era un monastero che comprendeva l'oratorio, al centro, e la cappella funeraria all'angolo sud-est dell'edificio.

54-Zerzita 3. Una torre per recluso era stata costruita ad alcuni metri a ovest del monastero. Entrambi, monastero e torre, sono ridotti, oggigiorno, a un mucchio di blocchi e terra.

Qualunque lettore può rendersi conto che di quasi tutti i monasteri dell'Antiochene non conosciamo il fondatore.

JEBEL SIM'AN SUD

55-Qatura 1. La cittadina romana di Qatura possedeva un monastero, con basilica annessa, del VI secolo. Oltre un tempio pagano di tipo romano, ora completamente distrutto, possedeva anche un tempietto di tipo siriano antico, con sette porte, e altri due santuari pagani, nella zona abitata, che furono convertiti dai cristiani in luoghi di preghiera, come appare dai graffiti tracciati sugli stipiti delle due porte. Siamo debitori del ritrovamento del monastero e della basilica all'amico Piero Daltan[1].

56-Qatura 2-3. Pensiamo che le due torri, costruite sulla facciata ovest della basilica, servissero a due reclusi, per facilitare l'ingresso in chiesa, durante le veglie notturne. Dalla sagoma delle due porte della facciata meridionale, possiamo arguire che la basilica sia stata costruita verso la fine del VI secolo.

57-Jebel Sheikh Barakat. Sulle pendici occidentali del monte Corifeo (Sheikh Ba-

---

[1] Il monastero e l'eremo di Qatura non sono stati ancora pubblicati.

rakat) abbiamo trovato una cappella che, per le sue dimensioni, ci suggerisce che servisse a una piccola comunità di eremiti. Sul lato sud-est della cappella, a qualche metro di distanza, vi è un tugurio dove i monaci potevano ripararsi dal freddo della notte[2].

58-Dana nord 1. A circa un chilometro a est del villaggio di Dana nord vi era un monastero del quale, verso gli anni Ottanta del secolo scorso, si potevano vedere tratti di muri e una macina di mulino.

59-Dana nord 2. Faceva parte del monastero una torre, ben conservata, dove viveva un monaco recluso. Al tempo della Prima Missione Archeologica Americana la torre era conosciuta col nome di *Burj el-Hyara* che vuol dire *Torre degli Orti*.

60-Deyr 'Aman 1. A un chilometro a sud delle rovine dell'antico villaggio vi sono i resti di tre locali, indipendenti e a un solo piano, che servivano per tre eremiti.

61-Deyr 'Aman 2. Sulla parte settentrionale, accanto a questi tre edifici, vi è la torre, a tre piani, dimora abituale del fondatore dell'eremo. Ci è pervenuta in uno stato pietoso.

62-Erhab 1. Il minuscolo villaggio aveva un piccolo monastero, situato a una quarantina di metri a nord-ovest dell'attuale moschea. Nella nostra ultima visita non abbiamo ritrovato il reliquiario che, nel 1975, pubblicammo nel libro sugli Stiliti; era collocato su un muricciolo di fronte all'ingresso della moschea.

Nell'antico monastero, ben conservato, da molti anni vi abita la famiglia del capo del villaggio.

63-Erhab 2. Dal monastero dipendeva il monaco stilita Sim'an che nel 568 partecipò al Secondo Sinodo di Batabo.

Sin dalla prima visita, nonostante le ricerche, non abbiamo ritrovato né il sito né i tronconi della colonna.

64-Toqad. Anche qui vi era uno stilita di nome Eustazio, il quale aveva issato la sua colonna a circa cinquanta metri a nord dei presunti ruderi monastici, che si vedono a sinistra di chi viene da Aleppo. Anche Eustazio partecipò al Secondo Sinodo di Batabo. Sino a una decina di anni fa si potevano vedere i lati sud e ovest della mandra, chiamata *es-Soma'at*, parola che in arabo volgare della regione di Idlib vuol dire *troncone di colonna*.

JEBEL SIRIR

65-Tell 'Aqibrin 1. Il villaggio possedeva un monastero, il cui superiore, Giovanni, partecipò al Secondo Sinodo di Batabo. Abbiamo potuto individuare solamente l'oratorio che si trova nella zona orientale delle abitazioni. Oltre i cenobiti vi erano anche due monaci reclusi che abitavano, ciascuno, nella propria torre.

66-Tell 'Aqibrin 2. *Burj Hasan* è la torre che si trova a sud del villaggio, sulle prime pendici del Jebel Sirir. Accanto ad essa vi sono un pressoio e due cisterne.

---

[2]   Sia la cappella che il tugurio, o rifugio, degli eremiti, non sono ancora pubblicati.

Pensiamo che tra il villaggio e la torre vi fosse una scalinata, della quale sono rimasti soltanto tredici gradini scavati nella roccia.

67-Tell 'Aqibrin 3. *Burj et-Tine* o Torre del fico, è la seconda torre costruita a circa cinquecento metri a est delle abitazioni. Questa torre constava solamente del pianterreno. Esclude, quindi, ogni scopo bellico.

68-Batabo 1. Nella spianata che è a sud-ovest della cima del Jebel Sirir vi è il più grande monastero della regione. L'anno 567 diede alloggio a quarantatrè archimandriti, allo stilita Yunan e al presbitero Lazaro, che si definisce "greco" e, il tre gennaio dell'anno seguente, in pieno inverno, diede alloggio a cinquantuno superiori, a tre stiliti, a due reclusi, a un certo Cosma e a Lazaro, presbitero.

69-Batabo 2. Nella parte nord-ovest delle rovine del monastero vi è un grande blocco roccioso, ben tagliato, che al centro possiede una fossa circolare. Il giorno della nostra visita era piena di terra, e non abbiamo potuto ripulirla. Pensiamo che in questa fossa scendesse una colonna di stilita; attorno, però non abbiamo trovato alcun troncone.

70-Kefr Karmin 1. Vi era la cella di un monaco recluso, di nome Besbo, il quale prese parte al Secondo Sinodo di Batabo.

71-Athareb 1. A sud del Tell, nell'area dell'antica scuola elementare, ci hanno indicato i resti di un monastero, ora distrutto. Negli anni Settanta del secolo scorso, nell'area del monastero si potevano vedere ancora tessere di mosaico.

72-Athareb 2. Pensiamo che nell'orto del monastero il monaco Giovanni, scrittore e storico, abbia innalzato la sua colonna, verso la fine del secolo VII. Ebbe relazioni epistolari con il vescovo di Edessa, Giacomo, che per una decina di anni insegnò lingua greca nei due monasteri di Teleda. A una decina di metri a ovest dell'attuale edificio scolastico, si può vedere il pozzo, chiamato dalla gente *pozzo della colonna,* dal quale il discepolo attingeva l'acqua per lo stilita. Costui morì l'anno 737.

73-Sahhara. È un villaggio a est di Athareb in cui viveva un monaco recluso che partecipò al Secondo Sinodo di Batabo. Nella nostra unica visita effettuata a Sahhara notammo la base rocciosa di una colonna sotto la parete settentrionale di una casa. Oggigiorno tutto è stato rinnovato e non è rimasto nulla del VI secolo.

EUFRATESIA

74-Qinnesre. In questo villaggio, sul lato sinistro dell'Eufrate, Giovanni Bar Aftonia costruì, l'anno 530, un monastero che fino al Settecento fu chiamato col nome del fondatore. In seguito la gente cominciò a chiamarlo *Deyr Qinnesrin* o *Deyr Qinnesre*. Il monastero, che accoglieva settecento monaci, annoverò la più grande Scuola Teologica di quel tempo. Molti monaci di questo monastero si distinsero per la loro cultura e alcuni di essi furono eletti vescovi e patriarchi.

75-Maronia. A trenta miglia a nord-est di Antiochia (km 45) vi era una comunità monastica guidata da un abate. Tra i monaci vi era un certo Malco che, secondo quanto narra s. Girolamo, lasciò il monastero per andare a Nisibi e raccogliere l'eredità lasciatagli dai genitori.

76-Niara. In questo villaggio, che appartiene alla zona di A'zaz, visse l'eremita Damiano, dopo essersi distaccato dal gruppo di Policronio e Mosè. Si fabbricò una casupola presso le aie dove, nel 1975, vedemmo un sepolcro segnalato da un mucchio di terra. L'asceta, ivi sepolto, è chiamato in lingua turca *Qara Baba* (il Padre nero). Il nome potrebbe essere una reminiscenza popolare dell'abito nero che indossavano gli eremiti e i cenobiti.

77-Nabgha. A circa cento chilometri a nord di Aleppo e a quaranta a nord-ovest della cittadina di el-Bab, in una grande estensione di rovine basaltiche, fu scoperto, casualmente, nel gennaio del 2007, un monastero con l'oratorio mosaicato. Sul lato nord del gradino dinanzi al presbiterio, abbiamo potuto ammirare una bella iscrizione in lingua siriaca, mentre sul lato sud ve n'è un'altra un po' rovinata. Gli uccelli rappresentati nei mosaici del pavimento dell'oratorio sono stati rovinati da iconoclasti.

Effettuammo la visita al sito nel mese di gennaio 2007 con i sigg. 'Abdallah Hajjar e suo fratello Samir.

78-Tur'el. A nord di Aleppo, tra la cittadina di el-Bab e il villaggio di Kabbasin, vi era il monastero chiamato *Tur El* (Montagna di Dio). I monaci avevano scavato, nel recinto del monastero, cinque cisterne e un pressoio. Il monastero diede alla comunità monofisita quindici vescovi e due patriarchi. Dall'anno 975 non si sa più nulla della sua attività.

79-Deyr Hafer. È una località che si trova a 40 km a est di Aleppo, sulla strada che porta a Raqqa. Nonostante il suo nome che afferma esservi, nel luogo, un monastero, non vi è nessun ricordo che ne attesti l'esistenza.

80-Mār Zakkai. A est della città di Raqqa, presso il fiume Balkh, si trovano rovine identificate con il monastero di Mār Zakkai. Anni fa i ruderi furono oggetto di studio da parte di Mons. Yuhanna Ibrahim, metropolita di Aleppo, e padre Vincenzo Poggi dell'Istituto Pontificio Orientale di Roma[3].

CALCIDE

81-Kellerye. Il nome, di origine greca, potrebbe indicare un gruppo di *celle* per eremiti. Le rovine del sito vanno scomparendo sotto le ruspe. Fino agli anni Settanta del secolo scorso si poteva vedere tutta l'area dell'antico sito, ma con il progetto dell'autostrada Aleppo–Damasco, essa è stata tagliata in due. Dieci anni più tardi furono dissotterrati tronconi di colonne e molti stipiti di porte che noi non abbiamo potuto vedere.

---

[3] Cf Ibrāhīm, *Il monastero*, 161-178.

82-Deyr es-Salib (*monastero della Croce*). Nel 1970 padre Peña visitò, con alcuni amici, questo villaggio situato a 25 km a sud di Aleppo. Invitato a prendere una tazzina di caffè, notò su una parete interna della casa un'iscrizione siriaca che potè fotografare.

83-Yahmul 1. A nord di Idlib, a circa cinquecento metri a sud-ovest del villaggio di Kefr Yahmul, vi era un monastero che, quando fu abbandonato dai monaci, divenne una fattoria.

84-Yahmul 2. In vicinanza del villaggio Kefr Yahmul, a nord di Idlib, nella proprietà dell'antico monastero furono scavati vari pozzi per assicurare l'acqua ai monaci. La nostra guida ci disse che il pozzo più vicino all'angolo sud-est della fattoria è chiamato *il pozzo dell' uomo della colonna* (cioè *dell'uomo che stava sulla colonna*). La lista dei monaci che parteciparono al Secondo Sinodo di Batabo ci dà il nome dello stilita di Yahmul: Faulos, cioè Paolo.

85-Ma'arrat Misrin. Un po' fuori della cittadina, abitata da alcune famiglie cristiane, sino a un centinaio d'anni fa vi era un monastero dedicato al martire s. Giorgio. Da alcuni anni il luogo, considerato santuario, era visitato dai fedeli che tornavano da Idlib, dopo avere assistito alla messa domenicale.

ANTIOCHENE MERIDIONALE

86-Deyr Zaghit. A est del villaggio di Zarzur vi era anticamente un monastero chiamato *Deyr Zaghit*, nome armeno che, nella forma originale, era *Deyr Zaghik,* che significa *Convento della Rosa,* cioè della *Madonna.* Poiché il monastero era armeno, potrebbe darsi che gli abitanti di Zarzur fossero, anticamente, armeni.

87-Ed-Dueyr. Chiamano anche *Shir ed-Dueyr* le rovine che si trovano a sud-est del villaggio di Knaye, in prossimità di *Wadi ed-Dueyr.* Qui, sotto un mucchio di pietre, gli abitanti di Knaye localizzano un antico monastero che, probabilmente, era un eremo.

88-Mar Yuhanna el-Qatlaby. La tradizione orale dei due villaggi di Knaye e di el-Hamame, che sino a pochi anni fa chiamavano Kefr Dubbin, localizza presso il fiume Oronte, a sud-est di Knaye, l'eremo di un monaco, di nome *Yuhanna* (Giovanni). Sul suo sepolcro fu costruita una cappella molto povera, meta di pellegrinaggi da parte dei cristiani e dei musulmani. Con tutta probabilità dipendeva dall'antico monastero di ed-Dueyr. Oggigiorno, dato che nessuno più va a raccogliere legna, come facevano le donne di Knaye all'inizio del secolo scorso, il sepolcro è stato abbandonato dai cristiani ed è visitato dai devoti musulmani del vicino villaggio di el-Hamame.

89-Qasr Bint as-Sultan. Sono due grotte attigue all'inizio della gola del fiume Oronte. Da alcuni simboli come fossette, fosse e due maniglie a croce nel soffitto della grotta meridionale, si arguisce che era una grotta sacra pagana. In seguito le due grotte furono occupate da eremiti i quali scavarono un'abside nella parete nord, e due piccole nicchie ai lati dell'abside; quella del lato destro serviva da reliquiario e quella del lato sinistro da vaso per l'olio.

90-Gabla. Con questa parola, che secondo i cristiani di Knaye sarebbe una deformazione della parola italiana *cappella*, viene indicato un monastero semi-rupestre che conserva parte dei muri laterali della chiesetta e un troncone di colonna ancora *in situ*, nell'abside. È situato a circa un chilometro, in linea retta, dal convento francescano di Knaye.

91-Deyr Siman. Col nome in lingua turca è così chiamato un villaggio, situato presso la frontiera turca, che conserva il ricordo di un monastero in onore di s. Simeone Stilita. Dato che il villaggio si trova nella regione di Antiochia, pensiamo che il monastero fosse dedicato alla memoria di s. Simeone Stilita, il Giovane. Da notare che la lingua turca non ha la lettera araba 'ayn che dovrebbe trovarsi nel nome di Sim'an.

92-Deyr el-Qunaya. Secondo il manoscritto siriaco n.1254 conservato nella Biblioteca di Londra, il superiore di questo monastero si chiamava Stefano. Nell'autunno del 1400, all'avvicinarsi delle orde di Tamerlano, tutti gli abitanti di el-Qunaya, assieme al loro vescovo Giacomo e al superiore Stefano, emigrarono a Lehfed, villaggio del Monte Libano situato a una decina di chilometri a est di Jbeil (Byblos). Data la fraterna accoglienza che ebbero al loro arrivo, preferirono non tornare più a Knaye. Siamo andati a Lehfed e abbiamo interrogato alcuni maestri della scuola elementare sulla loro storia antica, ma non hanno saputo dirci nulla di quella emigrazione.

LAODICENE

93-'Aramo. È un villaggio situato nella montagna degli alawiti, che conserva un monastero rupestre, dedicato al martire s. Giorgio. Su uno stipite di porta, abbandonato presso la chiesetta dedicata alla Madonna, si vede incisa una meridiana che regolava le ore della preghiera e del lavoro dei monaci.

94-Shir Maqduh. A meno di un chilometro a est del villaggio di Bdama e a duecento metri a nord-est della stazione ferroviaria, vi è un antico monastero rupestre che conserva ricordi di venerazione pagana, come: fossette, piccole nicchie sulle pareti dei locali, anelli votivi, maniglie e un'altura sacra con tredici gradini, dove le donne, in certe fasi lunari, offrivano alla dea Venere focacce di farina o di uva passa. Nel periodo cristiano il tempietto rupestre fu occupato dai monaci che scavarono nella roccia l'abside della chiesa a navata unica e costruirono il resto in pietra. Accanto alla porta della parete settentrionale della chiesa, si vede all'interno la tomba del fondatore. Il territorio era considerato luogo sacro e alcuni vollero scavarsi, a sud dell'attuale linea ferroviaria, un ipogeo familiare. Il luogo è chiamato Shir Maqduh (*Roccia forata*) per il grande foro che vi è nell'abside.

95-'Ayn er-Raheb. L'espressione significa la *sorgente del monaco*. È un eremo che consiste in una grotta che conserva alcune lettere greche e una croce sull'ingresso. Il luogo fu chiamato così a causa di una sorgente le cui acque scorrono dinanzi alla grotta. A una trentina di metri verso nord-ovest si vede un'altura pagana, alla cui sommità si sale per mezzo di una decina di gradini.

96-Ra's ed-Deyr. È la montagna che domina da ovest il villaggio di esh-Shoghur e che conserva il ricordo di un antico monastero.

97-Dueyr el-Akrad. Gli abitanti di questo villaggio, da noi intervistati il 7 agosto del 2007, ci hanno detto che nel secolo decimoterzo il villaggio era chiamato semplicemente *ed-Deyr* (*il monastero*). Sarebbe stato il sultano curdo Ṣalāḥ ad-Dīn a cambiarne il nome in *Dueyr al-Akrad*. La parola *ed-Deyr* indica l'esistenza di un monastero in quel villaggio. Il sito si trova sulla montagna che sovrasta da ovest la cittadina di Giser esh-Shoghur.

98-Marrani. È un minuscolo villaggio a circa un kilometro a ovest di Dueyr al-Akrad. In un tempo che il *mukhtar* (autorità che, più o meno, corrisponde al nostro *sindaco*) non ha saputo precisare, vi era un monastero di monaci maroniti, i quali abbandonarono il loro monastero per trasferirsi nel Libano. Giunti al vicino villaggio di Sermaniye, il loro superiore, già febbricitante, si aggravò e morì. Sarebbe stato seppellito presso l'attuale moschea.

99-Deyr Shmeil. A circa sette chilometri a nord di Masyaf vi è il villaggio che fu abbandonato dai cristiani una trentina di anni fa e, attualmente, è abitato da alawiti. La gente del vicino villaggio di Deyr Mama ci dice che qui vi era un eremo. La nostra visita del luogo nel luglio del 2008 non ha dato nessun risultato. Rimane però la tradizione orale.

100-Deyr Mama. Il villaggio si trova tra Deyr Shmeil e la cittadina di Masyaf. Conserva, in una piccola costruzione, il sepolcro dell'eremita Mama. È meta di pellegrinaggi da parte dei cristiani e degli alawiti. Attualmente, a causa dell'emigrazione, i cristiani sono una cinquantina soltanto.

101-Deyr Suleib. La parola significa *convento della piccola Croce*. Il luogo, esplorato da Mattern verso il 1930, conserva lo scheletro di una basilica e di un battistero, il cui fonte è stato rovinato da vandali in questi ultimi anni. Le rovine del monastero potrebbero essere i resti informi che si vedono a est dell'abside.

102-Deyr Firdis. È situato a circa venticinque chilometri a nord-ovest del villaggio cristiano di Tumin. L'antica cittadina era costruita interamente in basalto. La parte settentrionale delle rovine ha una piccola depressione che la gente chiama *Deyr Firdis*, parola siriaca deformata, che significa *convento del Paradiso*. Pensiamo che qui vi fosse una chiesa e che il *diakonikon* fosse abitato da un eremita, come si vede nel *diakonikon* della basilica della Madonna a Sheikh Suleiman e nel *diakonikon* della chiesa di s. Sergio a Dar Qita. Il sito l'abbiamo visitato in compagnia del padre Firas Lutfi e del parroco greco cattolico di Tumin.

JEBEL EZ-ZAWIE

103-Deyr Dabbane. È un piccolo monastero vicino alle rovine di el-Bara.

104-Deyr Sobat. È un edificio dei dintorni di el-Bara, ritenuto da Mattern come villa, mentre Tchalenko lo ritiene un monastero.

105-Ed-Deyr. Così è chiamato dalla gente di el-Bara un monastero che Mattern ha localizzato in un vasto terreno coltivato a olivi, vicino alla cittadina di el-Bara.

106-Dar Sabbagh 1. A poca distanza a sud delle rovine di Shinsharah si vedono quelle di un monastero che ha perduto il pavimento del pianterreno, lasciando intravvedere la camera funeraria. Dalle dimensioni dei resti possiamo concludere che il monastero, chiamato dalla gente *Dar Sabbagh,* poteva accogliere un buon numero di monaci.

107-Dar Sabbagh 2. A qualche centinaio di metri a sud del monastero vi è una torre che, per essere bassa, non era assolutamente adatta nè a difesa nè a rifugio dei monaci in tempo di razzie da parte dei beduini del deserto, per cui è da attribuirsi alla vita eremitica di un monaco recluso.

108-Gerade 1. Il monastero, che conserva ancora la facciata meridionale del pianterreno e del piano superiore, si trova all'estremità nord-est delle rovine. Probabilmente l'edificio non ebbe all'inizio uno scopo monastico, per cui i monaci dovettero aggiungervi il presbiterio che sporge dalla linea del muro di cinta e del piano superiore. Le tombe furono adattate nel cortile del monastero.

109-Gerade 2. Torre assai alta, le cui finestre sono a forma di croce. È situata nel lato sud delle rovine.

La scultura dell'*Agnus Dei*, scoperta dall'ingegnere 'Abdallah Hajjar e conserva-

Gerade (J. Zawie): il cortile del monastero con le tombe dei superiori. Foto I. Peña.

ta nel Museo Archeologico di Aleppo, apparteneva, probabilmente, a una cappella situata sul lato nord della grande torre.

110-Qasr el-Banat Sud. È il monastero costruito a circa un chilometro a nord del villaggio di Dana sud; ci è pervenuto in un ottimo stato di conservazione.

111-Qasr 'Allaruz. Il monastero è situato a est del villaggio. Ha un piccolo pressoio per il vino sul lato nord e la camera funeraria scavata a est della chiesa tra due locali monastici. Nonostante le strutture puramente monastiche che si vedono, gli studiosi l'hanno sempre indicato come fortino. Il fatto è da attribuirsi a una loro mancata visita personale all'edificio.

112-Fleifel. È un monastero che conserva solo la cappella monastica, adibita oggi ad abitazione di contadini.

113-Deyr Sharqi. È un antico monastero adibito ora a moschea, nella quale è seppellito il califfo Hishām Ibn 'Abd al-'Azīz.

114-Deyr Gharbi. Si trova nell'oliveto che è a nord del villaggio chiamato *Deyr el-Gharbi*. Non l'abbiamo visitato perché non abbiamo trovato nessuno che ci indicasse il sito preciso.

APAMENE

115-L'eremo di Marciano. È la cella recintata che si fece costruire Marciano di Cirro nella solitudine della Calcide. Nello stato attuale non si vedono rovine e nessuno sa indicare dove si trovassero i numerosi eremi dei quali parlano Teodoreto e s. Girolamo nelle sue Lettere.

116-Gli eremi di Eusebio, di Agapeto e di Simeone. Ognuno di questi tre eremiti del deserto della Calcide costruì, con il permesso del superiore Marciano di Cirro, la propria cella con recinto.

117-Nikertai. Mosso dal suo spirito missionario, Marciano inviò due suoi discepoli, Agapeto e Simeone, nella regione di Apamea per trapiantarvi l'angelica norma, come chiama Teodoreto la vita monastica. I due fondarono due monasteri nei quali vivevano quattrocento monaci "uomini atleti di virtù e amanti della fede". In uno di questi monasteri di Nikertai, Teodoreto abbracciò la vita monastica. Anche di questi eremi e monasteri non conosciamo i fondatori, fatta eccezione di qualche monastero dell'Apamene fontato dai discepoli di Marciano.

118-Seleucobelos. L'eremita Basilio, del monastero di Nikertai, fondò un monastero vicino alla città di Seleucobelos. Non sappiamo dove fosse questa città; alcuni la vogliono identificare con Giser esh-Shoghur, a 45 km a nord di Apamea, mentre altri la identificano con Isqelbye, villaggio che si trova a 3 km a sud di Apamea. Facciamo notare ai lettori che non abbiamo trovato nessuna reminiscenza nella tradizione locale circa il nome di Seleucia ad Belum, ricordato da qualche autore.

119-Hish. Stando a quanto dicono gli abitanti, a sud di questo villaggio vi era un famoso monastero maronita, nominato dagli scrittori arabi.

120-Tilmognone. Così si chiamava il monastero dove, secondo Evagrio di Epifania, il vescovo di Antiochia, Flaviano II, abbracciò la vita monastica. Nessuno ha saputo dirci dove si trova questo sito.

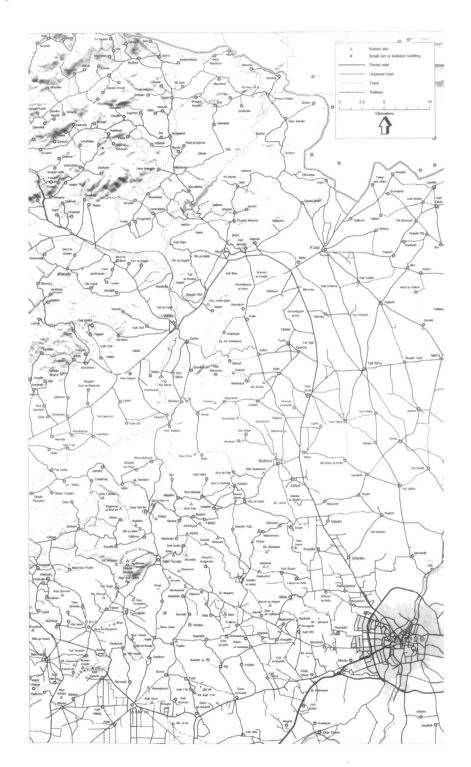

BIBLIOGRAFIA

Allard, *Storia* = Allard P., *Storia critica delle persecuzioni*, Firenze 1913-1918.

Atenagora, *Supplica* = Atenagora, *Supplica per i cristiani*, in *Gli Apologeti Greci*, ed. Città Nuova, Roma 1985.

Bailly, *Byzance* = Bailly A., *Byzance*, Parigi 1939.

Balāzurī, *Futūḥ* = Balāẓurī (al-), *Futūḥ al-buldān*, il Cairo 1901.

Benedetto XVI, *I Padri* = Benedetto XVI, *I Padri della Chiesa*, Libreria Editrice Vaticana, Roma 2008.

Bloy, *Constantinople* = Bloy L., *Constantinople et Byzance*, Parigi 1917.

Boulos, *Les peuples* = Boulos J., *Les peuples et les civilisations du Proche-Orient*, Beirut 1961.

Butler, *Publication* = Butler H. C., *Publication of an American Archæological Expedition to Syria in 1899-1900, t. II: Architecture and other arts*, New-York, 1904.

Castellana, *Alla ricerca* = Castellana P., *Alla ricerca di Antichi Villaggi nella Siria Settentrionale*, in SOC-*Collectanea* 22 (1989), The Franciscan Centre of Christian Oriental Studies, il Cairo, 64-66

Castellana, *Ricerche* = Castellana P., *Ricerche Archeologiche nella Siria del Nord*, in *SOC-Collectanea* 35-36 (2002-2003), The Franciscan Centre of Christian Oriental Studies, il Cairo, 101-104.

Castellana P., *"Ritrovata l'antica Niaccaba"*, *SOC Collectanea XX (1987)*, The Franciscan Centre of Christian Oriental Studies, il Cairo, 163-169.

Crisostomo san Giovanni, *In Ep. Ad Tim*. Hom. XIV.

Dattrino, *Il Primo* = Dattrino L., *Il Primo Monachesimo*, ed. Studium, Roma1984.

Daou, Histoire = Daou B., *Histoire Religieuse, Culturelle et Politique des Maronites*, Beirut 1985.

Dussaut, Topographie = Dussaut R., *Topographie Historique*, ed. Parigi 1927.

Eusebio, *Histoire* = Eusebio di Cesarea, *Histoire Ecclésiastique*, trad. G. Bardy, éd. Du Cerf, Parigi 1955.

Evagrio, *Storia* = Evagrio di Epifania, *Storia ecclesiastica*, a cura di Filippo Carcione, ed. Città Nuova, Roma 1998.

Festugière, *Antioche* = Festugière A.J., *Antioche païenne et chrétienne*, Parigi 1959.

Girolamo (san), *Le Lettere, I*, ed. Città Nuova, Roma 1996.

Giustino, *Prima Apologia* = Giustino (San), *Prima Apologia*, in *Gli Apologeti Greci*, ed. Città Nuova, Roma 1985.

Grousset, *Histoire* = Grousset R., *Histoire des croisades et du royaume franc de Jérusalem*, Parigi 1936.

Hajjar, *La Chiesa* = Hajjar A., *La Chiesa di s. Simeone Stilita e le rovine del Jebel Sim'an e del Jebel el-A'la*, Damasco 1995.

Hitti, *Lubnān* = Hitti Ph., *Lubnān fī-l-tārīkh*, Beirut 1959.

Ibn Shaddad, *Description* = Ibn Shaddad, *Description de la Syrie du Nord*, trad. A.-M. Eddé-Terrasse, Damasco 1984.

Ibrāhīm, *Il monastero* = Ibrāhīm Ḥ. – Poggi V., *Il monastero di Mar Zakkai e il Dialogo del Vat. Sir. 173*, in Periodica Christiana Orientalia, Roma 1977, 161-178.

Lammens, *La Syrie* = Lammens H., *La Syrie, Précis Historique*, Beirut 1921.

Lassus, *Inventaire* = Lassus J., *Inventaire de la Région N-E de Hama*, Damasco 1937.

Lassus, *Sanctuaires* = Lassus, J., *Sanctuaires Chrétiens de Syrie*, Parigi 1947.

Leroy, *Les manuscrits* = Leroy J., *Les manuscrits syriaques à peintures conservés dans les bibliothèques d'Europe et d'Orient*, Parigi 1964.

Marco Diacono, *Vita* = Marco Diacono, *Vita di S. Porfirio*, trad. e comm. a cura di Camillo Carta, Franciscan Printing Press, Gerusalemme 1971.

Mariano Morone, *Terra Santa* = Mariano Morone da Maleo, *Terra Santa nuovamente illustrata*, Piacenza 1669.

Mattern, *A Travers* = Mattern J., *A Travers les Villes Mortes de Haute Syrie*, Beirut 1933.

Michele il Siro, *Chronique* = Mār Mīkhā'īl al-Kabīr, *Chronique*, trad. J.-B. Chabot, Parigi 1901.

Mouterde, *Précis* = Mouterde R., *Précis d'Histoire de la Syrie et du Liban*, Beirut 1939.

Naaman, *Theodoret* = Naaman P., *Theodoret de Cyr et le Monastere de Saint Maroun: Les Origines des Maronites*, Université Saint-Esprit, Kaslik, Libano 1971.

Nairon, *Essai* = Nairon De Bane Fauste, *Essai sur les Maronites, leur Origine, leur Nom et leur Religion, introduction et édition du P. Abbé Paul Naaman, traduction, indices et tables de Benoîte*, Université Saint-Esprit, Kaslik, Libano 2006.

Peña, *Inventaire du Jebel Baricha* = I. Peña - P. Castellana - R. Fernández, *Inventaire du Jebel Baricha - recherches archeologiques dans la region des Villes Mortes de la Syrie du nord*, Jerusalem 1987.

Peña, *Inventaire du Jebel el-A'la* = I. Peña - P. Castellana - R. Fernández, *Inventaire du Jebel el-A'la - recherches archeologiques dans la region des Villes Mortes de la Syrie du nord*, Jerusalem 1990.

Peña, *Les Reclus* = I. Peña - P. Castellana - R. Fernández, *Les Reclus Syriens. Re-*

cherches sur les anciennes formes de vie solitaire en Syrie Jerusalem 1980.

Peña, *Les Stylites* = I. Peña, P. Castellana, R. Fernández, *Les Stylites Syriens*. Jerualem 1975.

Piccirillo, *La Palestina* = Piccirillo M., *La Palestina cristiana I-VII secolo,* Centro editoriale dehoniano (EDB), Bologna 2008.

Rabbath, *Unité* = Rabbath E., *Unité Syrienne et Devenir Arabe*, Parigi 1937.

Rufino, *Storia* = Rufino, *Storia Ecclesiastica*, trad. L. Dattrino, ed. Città Nuova 1986.

Schlumberger, *Le Siège* = Schlumberger G., *Le Siège, la Prise et le Sac de Constantinople par les Turcs en 1453*, Parigi 1935.

Sfeir, *Les Ermites* = Sfeir P., *Les Ermites dans l'Eglise Maronite*, Kaslik - Libano 1986.

Soler, *Le Sacré* = Soler E., *Le Sacré et le Salut à Antioche au IV siècle après J.C.,* Beirut 2006.

Sordi, *I Cristiani* = Sordi M., *I Cristiani e l'Impero romano*, Milano 1994.

Sozomeno, *Historia Ecclesiastica*

Tchalenko, *Villages* = Tchalenko G., *Villages Antiques*, Parigi 1953-1958.

Teodoreto, *Storia* = Teodoreto di Cirro, *Storia dei monaci siri,* a cura di A. Gallico, ed. Città Nuova, Roma 1995.

Teodoreto, *Storia Ecclesiastica* = Teodoreto, *Storia Ecclesiastica*, trad. A. Gallico, ed. Città Nuova, Roma 2000.

Teofilo, *Ad Autolicum* = Teofilo (vescovo), *Ad Autolicum,* ed. Città Nuova, Roma 1986.

Turbessi, *Regole* = Turbessi G., *Regole Monastiche Antiche*, Roma 1978.

Verheijen, *Les Premiers* = Verheijen L., in Dossier: *Les Premiers Moines ,* T.I. 2000 Ans de Christianisme

Vita e Detti = *Vita e Detti dei Padri del Deserto*, a cura di Mortari L., ed. Città Nuova, Roma 1975.

Waddington, *Inscriptions* = Waddington W-E., *Inscriptions Grecques et Latines de la Syrie*, Parigi 1870.